MILENA

la VIA della VOCE

Questo libro è dedicato a

Graziella

e

Antonio

la
VIA
della
VOCE

INBORN®
VOICE

INDICE

1

COME NASCE UNA GURU?

Fate di voi stessi una luce

Nel mondo in cui viviamo, tutto nasce da un seme. Un seme è essenza pura e concentrata: possiede fin dall'istante in cui inizia ad esistere, tutto quello che occorre per crescere ed evolversi in qualcosa di meravigliosamente più complesso.

Ogni seme nasce dotato di un guscio esterno, coriaceo e resistente, il cui compito è quello di proteggere l'anima interna dagli elementi esterni. L'anima interna è infatti qualcosa di delicato, di puro, che richiede amore, nutrimento e protezione per riuscire a svilupparsi.

Ogni seme ha la stessa identica possibilità di crescere di qualunque altro, ma le probabilità di ognuno cambiano molto a seconda delle condizioni che questo trova nel luogo dove cade: terreno più o meno fertile, irrigazione scarsa, adeguata o eccessiva, luce e calore misurati al punto giusto e, perché no, anche una buona dose di fortuna.

La natura ci insegna che le piante più forti e rigogliose sono quelle che sono riuscite a crescere in condizioni difficoltose, facendo fronte alle avversità con grande fierezza e determinazione, non quelle che hanno trovato fin da subito le condizioni ideali per il loro sviluppo.

Se qualcuno di voi volesse provare a calcolare matematicamente tutte le variabili che concorrono a creare la probabilità che un seme gettato a caso, germogli e riesca a dare i frutti, rimarrebbe subito scoraggiato. Non tanto dalla difficoltà del calcolo, ma dal risultato: infatti la probabilità di successo a favore del piccolo seme è talmente bassa che ogni risultato non può che far rimanere meravigliati.

In realtà il piccolo seme è ignaro di quanto poco sia probabile la sua sopravvivenza e la sua maturazione. Semplicemente sa, che in lui, madre natura ha racchiuso tutto quello che occorre per riuscirci. In qualche modo, possiamo dire che il seme "ha fede" nella natura. Infatti il piccolo seme non ha neanche idea di cosa possa essere il caso, per lui semplicemente "il caso non esiste" ed è quindi pronto ad impiegare tutte le sue energie per germogliare esattamente lì dove è caduto.

Per quanto mi riguarda, da che ho emesso il mio primo vagito, mi sono perdutamente innamorata della mia voce. Probabilmente quel vagito è stato anche il mio primo "canto". Da quel momento ho lasciato che questo amore crescesse, come un piccolo seme, giorno dopo giorno, confidando che alla fine, tutto sarebbe andato per il meglio.

I miei primi ricordi sono tutti legati al cantare. Ho sempre voluto cantare, far si che gli altri ascoltassero la mia voce. Nella mia vita non ho mai voluto fare altro.

Oggi tanti giovani che mi contattano sono convinti di avere la stessa spinta, eppure non sempre è così. Sono spesso influenzati dalla massa di informazioni che ricevono costantemente dai media e percepiscono in loro una forte risonanza con l'idea stessa di cantare, ma in realtà è qualcosa di più profondo che nessuno ha insegnato loro a riconoscere. Negli anni settanta il mondo era più piccolo di oggi. Non c'erano così tante influenze esterne, come trasmissioni televisive, video musicali, smartphone o Internet che potessero influenzare la mia volontà. Nella mia famiglia non c'erano artisti, anzi l'idea stessa della vita di un artista era vista come piena di stenti, sempre con il cappello in mano a chiedere l'elemosina.

Questa è stata una delle prime differenze che ho notato tra me e gli altri bambini. Fin da piccola, ho sempre avuto le idee ben chiare riguardo a quale fosse il mio posto nel mondo, nonostante tutte le avversità da parte della famiglia, della scuola e degli amici. Gli altri bambini, a seconda del giorno o dell'eroe del momento, volevano fare qualcosa di diverso. Chi il pompiere, chi la ballerina, chi il meccanico e chi la mamma.

Quasi tutti i bambini che mi circondavano, anziché lasciare sbocciare libero il loro seme, per scoprire quale tipo di talento nascondesse al suo interno, hanno scelto di nasconderlo al mondo, quasi con vergogna. Più o meno tutti preferivano adottare l'idea che i genitori o gli altri desideravano per loro. Chi voleva diventare un avvocato, chi un ingegnere, chi un medico, chi un dentista.

Tanti bambini sono effettivamente riusciti a diventare quello che si sono imposti, ma questo passaggio li ha poi portati a sentirsi vuoti, infelici, colmi di paure o arrabbiati.

Io crescendo non ho mai cambiato idea riguardo al mio futuro, anche se ovviamente ho preso coscienza su cosa questo realmente comportasse solo quando ho raggiunto la consapevolezza che si ottiene con l'avvicinarsi della maggiore età.

Al momento sentivo semplicemente l'esigenza di cantare. Cantavo tutti i giorni: inventavo melodie, parole e ritmi. Certo, come per il piccolo seme, anche io ho avuto la mia buona dose di "fortuna", se vogliamo chiamarla così. Ho avuto una famiglia e dei nonni che non mi hanno mai imposto di stare in silenzio. Sempre più genitori, educatori e figure di riferimento cercano di zittire i bambini, forse perché a loro volta sono stati zittiti da piccoli, o forse perché non vogliono sentire risuonare qualcosa rimasto lungamente nascosto e racchiuso nel loro profondo. Come se la voce di un bambino avesse il potere di risuonare con qualcosa di simile rimasto chiuso all'interno di ogni adulto. Spero che chiunque si sia fermato a leggere queste poche righe prenda coscienza che zittire i bambini è la cosa peggiore che si possa fare. È peggio persino di dar loro uno scapaccione. Tutti abbiamo appreso a nostre spese, anche molto bene, quanto può fare male una parola, specialmente se questa viene pronunciata da qualcuno che noi reputiamo importante.

Provate ad immaginare cosa può provare un bambino indifeso quando prova a comunicare al mondo la sua essenza, utilizzando suoni e parole che ha fatto fatica ad apprendere e si sente dire dai genitori, dalle persone che per lui sono tutto il suo universo, di stare "zitto". Gli stanno impedendo, di fatto, di scoprire se stesso e il mondo.

Per mia fortuna io potevo cantare e lo facevo in totale libertà. Tutto il quartiere mi conosceva come la "canterina" e ancora oggi, quando incontro alcuni di loro per le vie della città, si ricordano di quando si soffermavano sotto le finestre di casa mia per ascoltarmi cantare.

Per me era come se la musica fosse nell'aria che mi circondava in ogni istante: io ero semplicemente una sorta di radio, dotata della straordinaria capacità di riuscire a coglierla e a ripeterla.

Durante l'infanzia non mi sono mai posta grandi problemi. Oggi posso fare delle valutazioni in merito al passato, ma all'epoca semplicemente andavo a scuola, cantavo e vivevo spensieratamente. Nulla di più.

Ora sono consapevole che la società moderna, particolarmente quella in cui crescono i bambini, è ancora dominata da quelle che potremmo definire "energie" di tipo maschile. Per fortuna le cose stanno lentamente cambiando: non potrebbe essere altrimenti. La sopravvivenza stessa della nostra specie, l'intera evoluzione della società che ne è scaturita, è stata diretta conseguenza delle energie impiegate dall'essere dominante, ovvero il maschio della nostra specie. Tutto è stato concepito, ideato e costruito da un uomo. L'energia maschile è qualcosa che risuona fortemente con la logica, con la trasformazione della materia già esistente, con l'imposizione del proprio dominio attraverso la forza o le divisioni. Sono tutte ottime qualità, ma ben diverse dal tipo di energia che emana il femminile. L'energia della donna è una vibrazione che risuona fortemente con l'amore e la pazienza, che cerca di creare qualcosa dal nulla e che vuole guardare le cose con profonda interiorità.

Le donne moderne continuano a crescere e a svilupparsi circondate da questa "impronta" maschile e molto di quello che fanno, ne subisce le conseguenze, disperdendo parte della loro energia. Ad esempio, quando le donne hanno lottato per ottenere la loro indipendenza ed uguaglianza, hanno semplicemente adottato il sistema presente, concepito con energie maschili, e lo hanno espanso al loro sesso. Non si sono chieste neanche per un istante se questo fosse adatto a loro, se risuonasse con la visione femminile delle cose.

In questo sono sicuramente una pioniera: sono stata la prima donna a creare un metodo di insegnamento vocale di impronta materna, radicalmente diverso da quello classico, ideato e sviluppato da uomini in un'epoca in cui solo i maschi potevano cantare e recitare nei teatri.

Solo crescendo mi sono accorta che tutto quello che mi circondava possedeva qualcosa che stonava con la mia comprensione del mondo. La società pretendeva di misurare me e tutti gli altri con lo stesso metro, imponendo un giudizio uguale per tutti, che non teneva conto di null'altro che del risultato finale di un percorso ad ostacoli, ideato per uno specifico tipo di persona. Tutti noi abbiamo subito lo stesso trattamento. Ognuno di noi è nato con un'essenza, un modo di essere, incompatibile con le rigide pretese di incasellamento previste dalla società.

Questo tipo di società porta, come sempre, i più deboli

a cedere al ricatto imposto e ad arrendere la propria unicità in cambio del riconoscimento e dell'amore degli altri. Semplicemente si adeguano al sistema, cercando di competere al meglio delle loro possibilità.

Anche i bambini sono sottoposti a questa pressione e la strategia che quasi tutti adottano, prima o poi, è quella di iniziare a mentire. Mentire a se stessi e a tutti gli altri, creando dal nulla una nuova personalità capace di sostituire e tenere ben nascosta la propria essenza. Ogni bambino è stato un seme che anziché scegliere di germogliare per avventurarsi al di fuori del proprio guscio protettivo, ha scelto di sviluppare un'ulteriore corazza esterna, ancora più dura e coriacea della precedente, per nascondersi dal mondo.

Questo conformismo genera un effetto a catena in tutti gli altri. Col tempo anche i più forti tendono a rinunciare alla loro essenza in quanto si rendono conto dell'omogeneità presente in tutte le altre persone, che pian piano diventano la maggioranza. In qualche modo iniziano a temere di essere "diversi" e a subire il peso del giudizio degli altri e la conseguente "sofferenza".

All'atto pratico questo meccanismo perverso porta i più forti, gli ultimi ad adeguarsi alle regole imposte dalla società, a diventare i più deboli. Infatti hanno sviluppato la loro essenza per più tempo rispetto agli altri, quindi per tenerla nascosta sono costretti a costruire una corazza di dimensioni più grandi, il cui mantenimento comporta un maggiore dispendio di energie. Più l'essenza è sviluppata e più forte si farà sentire dall'interno della corazza.

Come ci insegna la natura, un poco alla volta, persino le fragili radici di un albero sono in grado di frantumare la roccia in cui crescono. Pian piano, col tempo, la loro essenza sarà sempre più invadente e farà di tutto per mostrarsi nuovamente al mondo.

Oggi trovo anche divertente notare come le persone che più si considerano "uniche e speciali", siano le stesse che si preoccupano maggiormente di essere uguali a tutti gli altri, segno che qualcosa non deve proprio essere andato per il verso giusto.

Un fatto interessante è che contemporaneamente alla creazione della prima personalità, si iniziano a presentare i primi soprannomi. I soprannomi sono una chiara indicazione della creazione di un nuovo tipo di individuo che prenderà poi le redini della vita della persona. Se avete un soprannome che vi portate avanti fin da piccoli, a cui siete addirittura affezionati, c'è buona probabilità che il soprannome stesso vi suggerisca quello che si può affettuosamente indicare come il vostro difetto capitale.

Nel mio caso, la mia essenza non ha mai smesso di crescere e di vibrare forte e chiara, anche grazie all'energia femminile che mi contraddistingue. Io non ho mai scelto di conformarmi a quanto imposto dalla società e sono riuscita a far sviluppare la mia essenza intatta, facendola crescere ogni giorno assieme a me.

Questa scelta, per me del tutto naturale, mi ha portato ad essere radicalmente diversa dalle persone che mi circondavano. Questo mio modo di essere non è mai stato osteggiato. Per gli altri ero semplicemente un'anticonformista, una persona con gusti molto particolari e capace di sopportare senza troppi problemi le difficoltà comportate dalle proprie scelte. Dal fatto di abbigliarmi con capi e colori molto vistosi, alla scelta di cantare in chiesa solo come piacere e non come dovere, dal non bere nessuna bevanda alcolica al non volere figli, queste sono solo alcune delle decisioni che mi caratterizzano. Solo crescendo mi sono resa conto che molte di queste scelte di vita sono davvero particolari e diverse da quelle adottate dalla maggioranza, ma ciò non toglie che oggi sono quella che sono soprattutto grazie a loro.

Crescendo la voglia di cantare si è fatta sempre più grande e ho sempre colto al volo ogni opportunità di farlo, con o senza pubblico. Dal coro della chiesa all'età di 8 anni ai gruppi Punk dell'adolescenza, dal liscio delle feste di paese ai grandi concorsi internazionali: si può dire che non mi sono mai tirata indietro. Nel percorrere la vita ho partecipato anche a diversi progetti musicali e ho avuto la fortuna di conoscere tanti musicisti e compositori davvero fantastici.

Chiunque può riconoscere che in tutto questo periodo la nota della determinazione non mi è mai mancata. Quando una persona possiede la nota della determinazione e si impegna a farla risuonare, può sempre raggiungere qualunque obiettivo voglia. L'importante è ricordarsi che tutto questo non deve dipendere, neanche in minima parte, dall'impegno o dalla forza di volontà di qualcun altro!

Quando ho iniziato a cantare in locali pubblici ero ancora minorenne. I gruppi musicali con cui cantavo erano composti per lo più da uomini fatti, con almeno cinque anni più di me. Fu allora che iniziai a notare che in qualche modo la mia presenza, la mia voce, era in grado di smuovere nelle persone qualcosa di assopito, di addormentato: come il suono di una sveglia.

La mia voce era in grado di trasmettere dei messaggi

capaci di raggiungere una parte nascosta delle persone. Era già destinata a risuonare con le loro emozioni più intime, qualcosa che loro stessi avevano smesso di ascoltare da tempo. Sembrava quasi che la mia voce fosse in grado di creare risonanze e innescare nuove vibrazioni in un piano diverso da quello del quotidiano.

Quelli sono stati i primi sintomi che mi hanno fatto capire che la mia vocazione era sì legata alla voce, ma era qualcosa di più profondo del semplice cantare.

Molto spesso le persone presenti alle mie esibizioni venivano a cercarmi per complimentarsi, colmi di emozioni, sensazioni e ricordi, che non riuscivano più a contenere. Sentivano il bisogno di comunicarmele immediatamente, prima che svanissero.

Tra le altre cose, questi incontri fortuiti portavano quasi sempre con loro stranezze, coincidenze o altri aneddoti interessanti. Infatti le persone, prima o poi iniziavano tutte a confidarmi i loro problemi esistenziali più profondi, senza badare troppo all'atmosfera del luogo, alla mia giovane età o alla situazione. Lo facevano e basta.

Io prendevo la cosa molto sul serio e anche se non capivo bene cosa accadesse durante la chiacchierata, quasi tutti sono tornati ad ascoltarmi cantare una seconda volta solo per ringraziarmi di averli, in qualche modo "aiutati". All'epoca ero una ragazzina e non ero ancora consapevole di cosa o come facessi ad aiutarli: ero semplicemente felice di farlo.

Continuavo a crescere, a cantare e a studiare musica. Le canzoni in inglese e la mia naturale curiosità, mi spinsero ad approfondire le lingue straniere anche al di fuori della scuola dell'obbligo. Proseguendo su questa scia, all'università scelsi di frequentare la facoltà di Lingue e letterature straniere. All'epoca iscrivermi al conservatorio non mi risuonava affatto. Mi sembrava più utile ed interessante proseguire gli studi fino ad allora fatti. In realtà ero già consapevole che il modo migliore per apprendere una lingua straniera era di andare direttamente nel paese dove essa vibra nella voce di tutti quelli che la parlano. Infatti, durante il periodo universitario ho avuto l'ardore e l'insistenza di chiedere alla mia famiglia di mandarmi a frequentare per un paio d'anni un College a Cambridge, in Inghilterra, dove poi ho approfondito con grande facilità l'inglese. All'epoca era un fatto raro, che solo pochi fortunati potevano permettersi. Ovviamente nel mio soggiorno all'estero sono successe molte coincidenze, che solo ora posso riconoscere come parte di un piano ben più complesso e intricato: l'opera del fato.

In particolare ho intrecciato diverse amicizie con splendide persone, provenienti da ogni parte del pianeta, con cui sono tuttora in contatto. L'ambiente multi etnico del College, frequentato da studenti provenienti ad esempio da Turchia, Arabia, Argentina e Giappone, mi servì molto per comprendere quanto le forme di comunicazione vocali possano essere diverse tra loro. In particolare sviluppai un interesse per le lingue pittografiche, ovvero quelle che non utilizzano le parole per esprimere il pensiero, ma dei simboli. Fu allora che iniziai a studiare anche il giapponese, lingua che trovo ancora oggi davvero affascinante nella sua forma orale, ma soprattutto in quella scritta. Fino a quel momento non avevo ancora realizzato a pieno l'idea che tutte le parole, anche quelle composte dalle lettere dell'alfabeto, fossero in realtà solo dei simboli.

Quando raggiunsi l'età adulta, la cosiddetta "età della ragione", inconsciamente qualcosa cambiò. Quella è l'età in cui la testa, pretende di fare il "capo", di decidere e di controllare tutto. Anche per me, come capita a gran parte degli adolescenti, le cose erano diventate troppo complicate. Cercavo anche io di dare una spiegazione logica a tutto e di conseguenza, di voler prevedere e controllare tutto quello che mi circondava.

Percepivo chiaramente una spinta, molto forte, verso una direzione ben precisa. La testa si era convinta che la mia vocazione fosse cantare e chiaramente questo destino, per il momento, non dipendeva più dalla mia sola forza di volontà.

All'epoca non avevo l'esperienza e la visione che ho oggi, infatti ero convinta che il mio dono fosse solo cantare. Volevo cantare sempre, volevo incidere più brani musicali, volevo partecipare a più concorsi. Più facevo e meno mi bastava. Cantare mi aveva portato a girare come una trottola per un mondo, pieno sì di persone interessanti, ma sempre uguale a se stesso. Cantare era diventato una routine che non mi andava più a genio. La fama e il successo non mi interessavano, io volevo solo cantare!

Era come se fossi caduta in un sonno profondo, eppure ero ben certa di non essere né Biancaneve, né la Bella addormentata. Continuavo a sentire dentro di me un'esigenza, un bisogno intimo e profondo a cui non ero capace di dare un nome o una spiegazione. Col tempo questa esigenza si è trasformata in una sofferenza che pulsava, ritmicamente dentro di me, ogni istante della giornata o della notte. È una sensazione che potete comprendere solo se l'avete già provata in prima persona. È simile alla paura di aver dimenticato qualcosa, quando non si è ancora consapevoli di averlo fatto, alla sensazione che si prova quando ci si vuole svegliare da un sogno e non ci si riesce, oppure alla sensazione di avere un vuoto interiore che non si colma mai, qualunque cosa si faccia o si mangi. Insomma, non era per nulla una bella sensazione.

Questo tipo di sensazioni porta sempre a grosse crisi interiori e a grandi ricerche di soluzioni pratiche. In quel periodo della mia vita, nel tentativo di ritrovare quello che sentivo aver perso, mi sono avvicinata e ho studiato tantissime discipline orientali, anche grazie ai consigli e alle amicizie sviluppati in giro per il tutto mondo. Perché proprio le culture orientali? Forse perché sono quelle più usuali, che mantengono ancora un velo di romanticismo, un non so che di misterioso, ma più che altro perché ero praticamente certa che qualunque cosa andassi cercando, fosse là fuori.

Dopo aver letto, sperimentato e imparato molto in tanti ambiti diversi, la mia ricerca si è fermata. Non perché avessi trovato quello che stavo cercando. Tutt'altro. L'oriente e le sue discipline non avevano saputo dare nessuna conclusione alla mia ricerca. Anzi era avvenuto l'opposto. Avevano aperto tante altre domande a cui non riuscivo a dare una risposta. Era come se fossi consapevole che tutto quello che leggevo, imparavo e conoscevo, fosse incompleto o distorto. Quasi che l'essenza stessa dell'informazione, la chiave per comprendere il tutto, fosse andata dispersa nei secoli dei secoli. Mancava sempre un pezzo. Era come se la coperta con cui provavo a coprirmi fosse troppo piccola. Tirandola da una parte, mi scoprivo dall'altra.

Nel tentativo di colmare quella sensazione di vuoto interiore ho fatto quello che tante altre persone fanno: ho continuato a buttare dentro di me nuovi studi, nuove idee, nuove teorie. Cercavo di dare pace, di mettere in silenzio quella sensazione interiore, riempiendo la mia vita.

Non mi rendevo conto che il mio corpo fisico, non era in grado di gestire tutte le informazioni e le conoscenze che pretendevo di infilarci dentro. Probabilmente le mie pretese erano davvero troppe, penso che neanche Albert Einstein avrebbe avuto modo di riuscirci!

Ringrazio ancora mio padre per essere stato capace di scuotermi e di distogliermi da quel peso enorme che mi ero caricata sulle spalle, da quel vuoto interiore che non riuscivo a colmare, portandomi a lavorare con lui, dandomi il tempo di fare qualcosa che era davvero tanto, tanto tempo che non facevo. Smettere di cercare.

Rispettando la semplicità della vita sono riuscita a comprendere che quello che avevo percepito come un vuoto, era in realtà un'enorme cassa di risonanza. Serviva ad amplificare qualcosa che tenevo racchiuso in me, in modo che riuscissi a percepirlo forte e chiaro. Quello che avevo dimenticato, era semplicemente ascoltare la mia essenza.

Fu proprio in quel periodo che ebbi la prima illuminazione. Compresi che il problema non era nell'impossibilità di trovare risposte alle domande che mi ero posta. Infatti chiunque avessi interpellato in merito a qualche mia domanda, che fosse un luminare o un semplice amico, sarebbe stato in grado di darmi una *sua* personalissima risposta. E ogni risposta, come sempre, avrebbe portato con sé una sequenza di nuove e interminabili domande.

Avevo finalmente capito che le risposte non sono merce rara e preziosa. Per ogni domanda si possono trovare infinite risposte. Quando si cerca una risposta ad una domanda che nasce dall'interno, non la si può trovare all'esterno. Le risposte delle persone o le conoscenze trasmesse dai libri diventano, inevitabilmente una versione soggettiva di quella che "forse", in origine, era la risposta oggettiva che andavo cercando.

Prendendomi una pausa, ho iniziato ad ascoltare dentro di me e ho finalmente compreso. Non è importante trovare le risposte: sono le risposte a trovare noi. L'importante è porsi la domanda giusta!

A quel punto ero certa che non c'era via d'uscita al labirinto di nozioni e contraddizioni in cui mi ero andata a cacciare durante la mia ricerca. Se volevo uscirne vincitrice, avrei dovuto intraprendere una nuova strada, diversa da tutte quelle che potevo apprendere dal mondo esterno.

La strada maestra, capace di portare la mia vibrazione nel mondo, l'ho trovata dentro di me. Tutti gli sforzi compiuti per cercare di trovare una soluzione e colmare il vuoto interiore erano stati tanto inutili, quanto dannosi. Mi tenevano impegnata e quindi mi impedivano di ascoltare quello che già risiedeva dentro di me e voleva sbocciare verso l'esterno. Anziché cercare risposte a domande provenienti dall'esterno, bastava semplicemente ascoltare la domanda proveniente dall'interno. Non esiste una risposta universale, ma solo una domanda personale.

Dentro di me brillava una luce capace di portarmi, un passo dopo l'altro, fuori dall'oscurità che mi circondava. Come un bambino che inizia a camminare, i primi passi erano i più incerti. Col tempo ho capito che la luce interna aveva la capacità di rendere trasparente il velo che impedisce, nella maggior parte dei casi, di vedere oltre l'apparenza dell'esteriorità. Finalmente iniziavo a conoscere la mia essenza dall'interno.

In quel preciso istante ho ripreso consapevolezza di avere nascosta al mio interno una piccola "guru". In sanscrito *GU* esprime infatti il concetto di *oscurità*, mentre *RU* quello di *luce*. Combinando i due termini si ottiene la capacità di disperdere l'oscurità.

Filosoficamente parlando, l'oscurità non può essere consapevole della sua forma o della sua stessa esistenza fino a che non incontra il suo opposto, ovvero la luce. Dentro ognuno di noi brilla una piccola luce ed è nostro dovere trovarla e portarla ad illuminare l'oscurità che ci avvolge. Una volta portata all'esterno, sarà lei a illuminare la vostra via, a farvi prendere le scelte giuste, ad indicarvi quello che la rende più luminosa e quello che invece tende a spegnerla.

E dato che quando le cose si mettono in moto nella giusta direzione, risulta ben difficile fermarle, da questa prima illuminazione, ho compiuto una lunga strada. La mia piccola *guru* è stata in grado di accendere la mia consapevolezza, la mia coscienza e il mio voler essere la madre di un nuovo insegnamento, nato, cresciuto e sviluppato unicamente con l'energia femminile.

Chiaramente una piccola *guru*, al pari di una piccola lanterna, ha anche bisogno di chi la porti in giro per il mondo, a mostrare a tutti cosa si può fare con un po' di fede in se stessi. Quando ci si incammina sulla via giusta, si incontrano anche le persone giuste, e tutti gli elementi sembrano incastrarsi tra loro come per magia, in un gigantesco puzzle planetario.

Nel mio caso il titolo di *Guru* (गुरू) mi è stato dato affettuosamente dai miei allievi. Lungi da me è l'idea di essere una santona o una persona dotata di poteri sovrumani, ma dato che il caso non esiste, l'ho adottato con piacere. Infatti il *Guru*, a parte il significato mistico noto alla maggioranza, in realtà è un tipo di insegnante molto particolare: è colui che comprende e conosce perfettamente un'unica e specifica arte. Nel mio caso l'arte della voce.

Una delle domande che mi viene posta più spesso dai clienti che ritrovano la loro voce grazie al mio metodo, magari dopo anni di inutili tentativi coi metodi tradizionali, è dove io abbia studiato e imparato a fare la "Guru" della voce. Poco importa se siano uomini d'affari, persone comuni o cantanti di fama, la curiosità è sempre la stessa. La risposta che esce dalle mie labbra non è quella che ci si aspetta.

Ho studiato e studio tuttora, materie tipicamente legate all'uso della voce, ma anche molte altre tematiche parallele, dall'ambito medico scientifico a quello più olistico orientale. La mia conoscenza non si limita al minimo necessario perché mi sono imposta di ricoprire il mondo della vocalità a trecento sessanta gradi, nulla escluso.

Leggo anche molti libri e riviste. Eppure posso affermare con certezza che finora, nulla di quanto ho letto o studiato, faccia parte della mia arte. Certo, ogni nozione che aggiungo può servire a me o ai miei clienti, che sono ben felici di trovare in me più figure professionali, ma non ne ricalca l'essenza. Non posso neanche dire di avere imparato dall'esperienza di qualche mentore: ho iniziato a cantare da autodidatta e non ho mai seguito lezioni per imparare a parlare, cantare o recitare da nessuno.

In realtà, quando spiego l'origine del mio lavoro, parto sempre dal sottolineare che è proprio la parola "imparare" ad essere inadatta. Imparare prevede di apprendere qualcosa attraverso l'uso dell'intelletto e chi ha avuto la fortuna di lavorare con me sa perfettamente che tutto il mio metodo di insegnamento è qualcosa di diametralmente opposto. Infatti non è tecnicamente possibile ritornare ad usare la propria voce nel modo corretto utilizzando l'intelletto: occorre un'altra via.

A volte paragono il mio lavoro con quello di un liutaio. Per chi non lo sapesse, il liutaio, figura professionale in estinzione, è l'artigiano che costruisce a mano i liuti, ovvero gli strumenti musicali a corde, ad esempio i violini. Tra i più famosi liutai al mondo possiamo vantare Antonio Stradivari. Tutti avrete sentito nominare i suoi violini, se non altro per l'enorme valore economico che hanno. Sono universalmente riconosciuti come dei miracoli: il suono che producono è qualcosa che ancora oggi la tecnologia non riesce a replicare. Questo è un perfetto caso per comprendere come una scienza, nello specifico l'acustica, non sia in grado di replicare la maestria di un artigiano. Infatti un artigiano vero, è in grado di distinguersi da chi impara solo dai libri o dai maestri, perché nasce con un dono naturale che sviluppa con tanta pazienza e dedizione. Stradivari sceglieva personalmente ogni minimo componente dei suoi violini, la tecnica di lavorazione, i materiali da utilizzare e persino i tempi da seguire. I suoi segreti sono purtroppo morti con lui. La scienza moderna può solo constatare che il segreto non è individuabile in nessuna parte specifica dei suoi violini, ma nel loro complesso. Stradivari aveva una dote, un dono. Era capace di ascoltare l'essenza di ogni pezzo di legno così da farla risuonare in maniera perfetta.

Il mio lavoro è praticamente lo stesso. Infatti sono una

Vocal Coach che sceglie sempre con chi lavorare e applico tutta la mia arte con cura e dedizione per trasformare il mio allievo in uno strumento musicale perfettamente accordato, in grado di fare risuonare completamente la sua vibrazione nel mondo.

Io ho avuto la fortuna, se vogliamo chiamarla così, di essere nata con un dono, un talento spontaneo e naturale. Il mio unico merito, è stato solo quello di lasciarlo fiorire senza costrizioni e senza preconcetti. Tante altre discipline antiche o moderne, anche di tipo scientifico, hanno avuto gli stessi natali. Ad esempio oggi si può studiare dai libri l'informatica, si può apprendere la biologia e persino imparare la musica. Tutte queste discipline, all'inizio, non erano state codificate, ma venivano "create" dal nulla, o meglio, dalla passione e dall'impegno di pochi. Persino la lingua italiana che vi consente di leggere questo libro è nata dal lavoro e dalla passione di pochi e oggi è parlata da ben oltre 60 milioni di persone!

L'aver saputo conservare e sviluppare il mio talento naturale mi consente di attingere a una qualche forma "superiore" di conoscenza, in cui trovo le risposte e le soluzioni per i problemi vocali delle diverse persone che incontro. Questa capacità non è qualcosa di cui ho il controllo. Non posso attingerci a comando: anzi direi che succede sempre e solo quando non sono io a richiederlo. In qualche modo, quando mi occorre, trovo sempre la risposta, l'esercizio, la domanda giusta dentro di me. Per lo più questa sorta di ispirazione avviene quando serve realmente ai miei clienti, quando la loro volontà è sufficientemente forte da infrangere qualche invisibile barriera.

Come è facile immaginare, nel mio lavoro mi occupo

principalmente della voce delle persone. Le aiuto a riscoprire una voce da amare, a rieducare qualche meccanismo che si è dimenticato, a far fluire le emozioni attraverso le parole, a trovare il coraggio di far sentire la propria voce e molto altro. Tempo addietro ho scelto di battezzare il mio metodo di lavoro, totalmente diverso dai metodi tradizionali, Inborn Voice®.

La scelta dell'inglese è legata alla volontà di diffondere il mio sapere quanto più possibile, anche se in origine non avrei mai pensato di portarlo di persona negli Stati Uniti. La scelta del termine Voice (voce) è evidente, visto che mi occupo principalmente di quello. Per la scelta del termine Inborn, parola che ben pochi angloamericani conoscono e che preferisco non tradurre per evitare di influenzare la vostra opinione, occorre andare a ricercare un significato più profondo che avrete più chiaro solo dopo aver letto il libro. Inborn sta a significare che la voce di ognuno è stata "seminata" dentro di noi dalla natura stessa, per il solo fatto di essere nati, non è qualcosa che si acquisisce in seguito. Persino il simbolo che ho scelto per il mio primo sito, lezionidicanto.com, è un seme: il caso non esiste!

Leggendo il libro capirete meglio l'origine di questa scelta filosofica, per il momento è importante capire che Inborn Voice è diretta conseguenza delle interazioni con i miei clienti. Ogni volta che incontro un nuovo cliente, dato che ogni persona è unica, che voglia imparare a cantare, a tenere un discorso o semplicemente ad imboccare la via della voce, il mio metodo si evolve e diventa, in qualche modo, più completo. Come spiego sempre, è un metodo in continua evoluzione e sto cercando, piano piano, di "codificarlo" per trasmetterlo nel miglior modo possibile agli altri, senza che ne risulti stravolto o distrutto nella sua essenza, come è successo a tante altre discipline, sia tecniche, sia spirituali.

Questo libro vuole essere un primo tentativo di mettere su carta qualcosa che va oltre al mio particolarissimo modo di insegnare alle persone come usare la voce, ma che ne è parte integrante. Mi avventurerò nello spiegare qualcosa di complesso, che è difficile raccontare a parole e probabilmente parte della mia esposizione ricorderà qualcosa che avete già letto o ascoltato. Non è infatti infrequente che una stessa vibrazione crei risonanze in più persone e in diversi ambiti.

Sono perfettamente consapevole che la conoscenza pura che sta dentro di me non può venire trasmessa agli altri per mezzo di un libro, ma desidero comunque mostrare a tutti la via della voce, l'unica strada percorribile per arrivare all'essenza di ogni essere umano che voglia farsi parte attiva per cambiare se stesso e il mondo.

La mia essenza è quella di aiutare le persone a connettersi con la propria, aprendosi al mondo per portare a compimento il loro miracolo.

2

TUTTO È VIBRAZIONE

Nulla si perde, nulla si crea

*N*elle prossime pagine esporrò alcune idee fondamentali per iniziare ad intravedere, un po' alla volta, l'esistenza della via della voce. Non è necessario comprenderle tutte, anzi se fate fatica a comprendere il senso di qualcosa, è un buon segno! È più importante avere uno sguardo d'insieme sui concetti piuttosto della loro esatta definizione. Non è il mio mestiere parlare di cose così complesse, spero saprete perdonare ogni imprecisione.

La forma originaria di tutto ciò che esiste è pura energia. Quello che riusciamo a percepire con i nostri sensi è energia. Oggi, grazie ai progressi tecnologici, si può aggiungere anche che tutto quello che riusciamo a misurare, grazie a qualche strumento scientifico, è sempre e solo energia. Su questo punto si trovano d'accordo praticamente tutti. Dalla filosofia alla religione, dalla fisica alla chimica, nessuno ha più dubbi in merito a questa ipotesi.

Negli ultimi decenni la fisica moderna è finalmente arrivata a dimostrare che la materia, per come l'abbiamo concepita fino a qualche decennio fa, non è mai esistita. I fisici quantistici sono riusciti ad osservare, misurare e quindi intuire, che tutto quello che esiste è una qualche forma di energia. Questa rivoluzione ha dato vita alla nuova branca della fisica dei quanti, che mi appassiona moltissimo. Le generazioni future avranno anche modo di apprezzare quanto questo stravolgimento influenzerà inevitabilmente la loro vita quotidiana, un po' come quando la scienza è riuscita a dimostrare che la Terra non è piatta, o che è il nostro pianeta a orbitare intorno al Sole (e non viceversa!).

Ora tutto sta a comprendere cosa effettivamente sia l'energia.

Ogni parola che utilizziamo quotidianamente non è altro che un simbolo, un contenitore adatto ad esprimere parte di un'idea. Una parola va sempre considerata per quello che vuole comunicare, non per come viene proposta. All'atto pratico non c'è differenza tra un geroglifico egizio, un logogramma giapponese o i vari simboli che ci circondano, ad esempio il numero 8 oppure il simbolo €: tutti servono solo ad esprimere un'idea.

Energia è una parola che avrete sicuramente sentito e utilizzato più volte nella vostra vita, ma forse non vi siete mai soffermati ad indagare sul suo significato. L'idea collegata alla parola energia è la presenza di qualcosa che non si può vedere, di invisibile, di cui però siamo in grado di percepire l'esistenza in base agli effetti tangibili che produce nel nostro mondo. Nello specifico l'energia viene definita una *forza attiva*, ovvero una forza capace di alterare lo stato esistente delle cose.

Un perfetto esempio di energia è la corrente elettrica: è invisibile, eppure siamo in grado di apprezzare l'accendersi di una lampadina o il trillo di un telefonino. Un altro esempio è l'energia muscolare: il nostro corpo si muove come spinto da una magia. Non esistono fili o altri sistemi tangibili che spieghino, ad esempio, il nostro girare una pagina di questo libro.

Come ho già detto, la forma originaria di ciò che esiste è pura energia. Nella nostra esistenza terrena non siamo in grado di percepire o comprendere a pieno cosa effettivamente sia la "pura" energia, possiamo solo fare delle ipotesi. Neanche i fisici quantistici più affermati ne comprendono a pieno l'essenza. Questa ambiguità è all'origine del fatto che la parola energia viene spesso utilizzata a sproposito o con concezioni fantasiose, del tutto lontane dal suo significato naturale.

Cercate di liberare la mente dai preconcetti che avete accumulato nelle vostre esperienze precedenti per riuscire a comprendere a pieno l'essenza di questa parola.

Non è mia intenzione addentrarmi nella fisica dei quanti o dare spiegazioni troppo tecniche: l'unico punto che è importante comprendere ora, è che tutte le forme di energia che sono state osservate dalla scienza con un buon livello di dettaglio, anche grazie ai recenti progressi tecnologici e alle ultime teorie sviluppate, hanno una proprietà in comune tra loro: tutte quante vibrano.

Vediamo ora di comprendere cosa significhi *vibrare*.

Il concetto di vibrazione è qualcosa che potete intuire facilmente da soli, basta cercare di aprire la mente. L'idea che sostiene la parola *vibrazione* è di qualcosa in continuo e inarrestabile movimento. Il movimento caratteristico di una vibrazione dipende da tanti fattori, ma nella sua essenza è descritto come di "va e vieni". La lavatrice durante la fase di centrifuga, la cassa dello stereo durante la riproduzione di un brano musicale, la suoneria silenziosa del cellulare, sono tutti esempi di vibrazione che riusciamo a percepire attraverso qualcuno dei nostri sensi, ad esempio la vista, il tatto o l'udito. In realtà l'idea di vibrazione si espande ben oltre le semplici percezioni sensoriali.

Una forma di vibrazione che più o meno tutti avrete sperimentato di persona almeno una volta, è quella di una corda tesa tra due punti fissi. Il filo per stendere il bucato, un elastico teso tra le dita, la corda di una chitarra o di un pianoforte sono tutti esempi di un "filo" teso tra due punti fissi. Questo tipo di vibrazione viene definita lineare poiché si espande ed esiste solo lungo la linea creata dal filo. Da un punto di vista matematico, il mondo della corda tesa è composto da una sola dimensione, eppure la sua vibrazione è capace di esprimersi in una dimensione ulteriore, in un piano diverso, ovvero in un mondo a due dimensioni. In pratica questo significa che la vibrazione ha il potere di influenzare anche qualcosa che va oltre la sua stessa esistenza, ad esempio l'aria.

Per concepire una vibrazione nata in un mondo a due dimensioni, occorre immaginare ad esempio la superficie perfettamente liscia di uno stagno o di un lago. Gettando un sasso nell'acqua si innesca una vibrazione. Al momento dell'impatto il sasso crea un'increspatura attorno a sé per aprirsi un varco verso il fondo. Il sasso ha creato solo la prima increspatura. Tutte quelle successive, che si espandono concentriche lungo la superficie ne sono solo una conseguenza. Anche in questo caso la vibrazione nata in un mondo a due dimensioni si esprime in un mondo con una dimensione in più, ovvero a tre dimensioni.

Chiaramente le cose si complicano tantissimo con l'aumentare del numero delle dimensioni. Probabilmente avrete già difficoltà a fare vostro quanto ho provato a spiegare finora. Non scoraggiatevi, l'importante è comprendere che noi viviamo in un mondo composto da almeno tre dimensioni e che il risultato delle vibrazioni che creiamo, qualunque esse siano, si esprimerà anche in una dimensione ulteriore, a noi non percepibile.

Per il momento limitatevi a fare vostra l'idea di "va e vieni" propria di una vibrazione. Persino gli scienziati più dotati hanno difficoltà a spiegare a parole quanto intuiscono riguardo le vibrazioni della materia, infatti quando osservano le particelle più elementari a loro disposizione, notano qualcosa che non corrisponde a nulla di spiegabile attraverso la razionalità. Ad esempio notano che le particelle spariscono per poi riapparire, che non proseguono come previsto in linea retta e soprattutto che il fatto stesso di osservarle, influenza il loro comportamento. Un giorno, forse, la scienza riuscirà a spiegare questi fenomeni, per ora si limita a misurare e ad annotare quelli che sono chiaramente effetti di un'energia.

Nel corso di tutto il libro cercherò di spiegare molti concetti utilizzando l'idea di una corda per chitarra. Questa stessa idea è quella che utilizzano i fisici moderni quando parlano di teoria delle stringhe, ovvero la nuova teoria che mira a mettere d'accordo la meccanica quantistica con la relatività generale dei fenomeni che possiamo comprendere. Non meravigliatevi se la cosa è di difficile comprensione, è infatti qualcosa che va leggermente oltre le capacità della testa: infatti, occorre utilizzare un'altra "via".

L'uomo ha intuito da lungo tempo questa natura dell'energia, anche se la scienza è riuscita a dimostrarlo solo recentemente. Platone descriveva questa vibrazione come la *Musica delle Sfere* o della Natura. Ogni cultura antica l'ha definita in qualche modo.

A me piace definirla come la *voce del silenzio*.

Tanto per citare qualche esempio storico, nella bibbia questo concetto viene espresso con "In principio era il Verbo. Il Verbo era presso Dio e il Verbo era Dio. [...] Tutto è stato fatto per mezzo di lui e senza di lui nulla è stato fatto di ciò che esiste".

Questa frase, dalla sonorità arcana, è stata scritta in una lingua oramai morta e poi tradotta più volte da una lingua all'altra fino a giungere all'italiano moderno. Quello che si può leggere oggi appare quindi poco comprensibile a chiunque non sia un teologo. Senza entrare nei dettagli religiosi, questo passaggio non fa altro che spiegare l'idea che tutto quello che esiste è partito da il Verbo. Ora occorre comprendere nuovamente l'idea, il concetto che racchiude il simbolo della parola *Verbo*. L'uso comune di questa parola è cambiato parecchie volte durante i secoli, quindi le cose si complicano. La stessa parola ha mantenuto il significato originario in altre lingue, ad esempio è rimasto identico nella lingua inglese che uso tutti i giorni qua negli Stati Uniti. Se anche voi conoscete l'inglese, la vostra mente vi porterà a tradurre l'idea che avete attualmente di Verbo e non ad andare a cercare il termine corrispondente al significato che stiamo cercando. Infatti, la parola inglese che ha la stessa radice di *Verbo* è *Word*. Chi non conosce l'inglese, ha sicuramente più facilità nel notare la grande somiglianza tra questi due termini.

Infatti il loro significato originario è identico: *Verbo* e *Word* rappresentano l'idea legata a "Parola" e non a quella di "Parola che indica un'azione".

Un altro passaggio presente nella Bibbia sottolinea con più efficacia la stessa idea, ovvero nella Genesi si racconta: "Dio disse: 'Sia la luce!' E la luce fu". In questo passaggio appare chiaro come sia l'arrivo della vibrazione prodotta da una parola all'interno di un mondo di assoluto silenzio, a creare la luce.

L'idea di fondo che i testi antichi cercano di esprimere in entrambi i casi, con un linguaggio e un esempio comprensibile alla maggioranza delle persone dell'epoca, è semplicemente quello della vibrazione. Prima c'è il silenzio, la calma, e poi c'è un suono, una vibrazione. Filosoficamente, tra le righe, si sta semplicemente spiegando che tutto ciò che è stato creato ed esiste, è una vibrazione, ovvero un'energia attiva.

Ho citato la Bibbia perché sono stata cresciuta con un'istruzione cristiana, ma qualunque testo sacro abbiate letto per via della vostra curiosità o religione (la Torah, il Corano, il Nada Brahma o altro), racconta allo stesso modo la storia della creazione. L'arrivo di una qualche forma di vibrazione in uno stato di quiete ha creato tutto.

La creazione viene descritta, più o meno allo stesso modo, anche dall'atea scienza, quando spiega il concetto del Big Bang. Infatti una grande esplosione non vi è alcun dubbio che sia una grande sorgente di vibrazioni!

Sebbene tutto sia energia in movimento, nella nostra condizione umana possiamo percepirne e studiarne solo alcuni aspetti. Basterebbe avere a propria disposizione qualche organo sensoriale in più per poter ascoltare la musica dell'universo, nella sua complessa armonia, che continua ad espandersi, a creare, ad evolvere e a perfezionare ogni cosa.

E non è detto che questo sesto senso non esista già.

Infatti, molti dei nostri modi di dire fanno riferimento esplicito a delle vibrazioni che in qualche modo abbiamo percepito. Ad esempio quando accade un evento particolarmente brutto o violento, ci troviamo spesso a dire qualcosa simile a "mi sento scosso". Questo modo di dire, molto diffuso, è nato per spiegare con una metafora quello che le persone percepiscono pervadere tutto il loro corpo: una scossa, ovvero una forte vibrazione che risuona al nostro interno e che è impossibile non avvertire.

Altre volte ci ritroviamo a spiegare la stessa idea con frasi del tipo "mi sento agitato" od "ho le farfalle nello stomaco". Sono tutte espressioni che cercano di comunicare agli altri quel qualcosa che sta dentro di noi e che ha proprio tutta l'aria di essere una vibrazione. Abbiamo anche modi di dire tipo "mi prudono le mani" oppure "avverto un formicolio". Di nuovo tutte espressioni che descrivono una qualche forma di vibrazione.

In realtà queste vibrazioni sono percepibili anche attraverso gli altri sensi, ad esempio la vista o l'udito. Quante volte vi siete trovati a percepire un fischio nelle orecchie, magari dicendo "qualcuno mi sta pensando". Di nuovo si è percepita una vibrazione.

Esistono anche altre frasi che cercano di far intuire come alcune delle nostre azioni siano state conseguenza dell'influsso esterno di una vibrazione, ad esempio, "ho agito d'impulso", "ho avuto uno scatto di rabbia" oppure "ho fatto un salto di gioia". Tutte queste idee dimostrano che in realtà, noi siamo continuamente soggetti a qualche forma di vibrazione di cui conosciamo ben poco. Non importa se questa provenga dal nostro interno, dal movimento dei pianeti o da qualche arcana magia: noi le viviamo e quasi sempre agiamo sotto il loro influsso, senza apparente possibilità di sfuggirvi.

Bene, ora che avete iniziato a comprendere cosa sia l'energia e come questa sia una vibrazione, manca un ultimo passaggio per avere chiara l'idea nel suo complesso. Vi sarà semplice intuire che perché la vibrazione avvenga, è necessario che esista anche qualche tipo di sostanza capace di rispondere alle sue sollecitazioni. Non mi interessa definire quali e quanti tipi di "materia" possano esistere. L'importante è capire che tutto quello che esiste è composto da un qualche tipo di sostanza originaria che nel suo progresso evolutivo ha dato vita a tutte le materie che conosciamo pervadere l'universo.

Comprendere cosa sia questa sostanza primordiale, se vogliamo "pura", va ben oltre ogni nostra possibilità di concezione fisica, mentale e spirituale. Chi ha studiato qualche materia scientifica, come la chimica o la fisica, saprà perfettamente che le sostanze più complesse non sono altro che l'unione di più atomi di sostanze semplici. Come saprete, l'acqua è un composto di due atomi di idrogeno e uno di ossigeno. A sua volta ogni atomo è composto da particelle più elementari. Ad esempio quello di ossigeno è composto da otto protoni, otto neutroni e otto elettroni.

La fisica quantistica sta scoprendo, ipotizzando e studiando particelle ancora più piccole che a loro volta concorrono a comporre protoni, neutroni ed elettroni. Queste sostanze hanno nomi che probabilmente non avrete mai sentito, come quark, bosoni, mesoni eccetera. Non fatevi spaventare da tanti termini altisonanti. L'importante è intuire che più si scende nel piccolo, più ci si avvicina alla materia originaria, che pervade tutto quanto.

Non è mia intenzione andare oltre con questo discorso, però vale la pena considerare anche che la scienza riconosce e misura il consumo di energia che comporta la creazione di sostanze più complesse, così come quanta energia viene liberata dalla loro distruzione. Ad esempio un albero che cresce consuma l'energia del Sole per fare la fotosintesi e diventare più forte e robusto. Poi quando il suo legno brucia, l'energia che era stata immagazzinata, viene liberata sotto forma di calore. Nostro malgrado, la scienza ha riscoperto che è possibile anche spezzare i legami più intimi delle molecole, quelli all'interno di un singolo atomo. Infatti sebbene siano infinitamente più piccoli, racchiudono quantità inimmaginabili di energia. Tutti avrete idea di che terribile potenza è in grado di scatenare l'esplosione di una bomba atomica.

Se mi avete seguito fino a questo punto avrete ben chiaro che tutto quello che esiste e ci circonda è semplicemente materia in vibrazione.
Ora basta fare un altro piccolo sforzo per comprendere un concetto filosofico più profondo, spesso trascurato, ma fondamentale: la materia che esiste, per quanto incommensurabile, ha sicuramente una quantità finita.
Per comprendere meglio faccio degli esempi con alcune sostanze presenti sul nostro pianeta. Se consideriamo l'acqua, come abbiamo visto composta da due atomi di idrogeno e uno di ossigeno, ne possiamo trovare quantità davvero enormi. La troviamo nei mari, nei laghi, nel sottosuolo e nell'atmosfera. Persino il nostro corpo è composto per oltre la metà da semplice acqua. Nonostante l'acqua sia praticamente ovunque, è comunque presente in una quantità finita. C'è chi si è divertito anche a calcolare che il pianeta trasporta in giro per lo spazio circa 1,400 milioni di chilometri cubici d'acqua. Come vedete è una quantità talmente enorme che non riusciamo neanche a paragonarla a qualcosa d'altro.

Se invece dell'acqua consideriamo l'oro, tutti sappiamo che è qualcosa di raro e quindi prezioso. Se utilizzassimo tutto l'oro estratto finora dalle miniere, riusciremmo a riempire solo 4 piscine olimpioniche. Questa è una quantità che diventa più facile immaginare!

Quale che sia il tipo di materia che prendiamo in considerazione, che sia una sostanza chimica nota o un qualcosa di più sottile e intangibile, possiamo sicuramente stabilire che a nostra disposizione ce ne è una quantità più o meno scarsa.

L'ultimo sforzo che vi chiedo di fare, per dare una conclusione a questo capitolo è nuovamente di liberare la mente dai preconcetti che la affollano. Bisogna davvero comprendere che la vibrazione è tutto, ma proprio tutto quello che può esistere. Detto in altre parole, non esiste nulla che non sia un qualche tipo di materia in vibrazione.

Ora vi farò alcuni esempi per darvi modo di espandere questo concetto e farvi apprezzare al meglio la bellezza della creazione che ci circonda.

Prendiamo ad esempio un pesce. Che differenza possiamo percepire tra un pesce che nuota libero e felice nel mare e uno esposto in bella mostra nel banco frigorifero di un supermercato? Se ci pensate un istante, la prima cosa che salta all'occhio è che il primo pesce è vivo, il secondo è oramai morto. La cosa è evidente anche a chi non ha mai visto un pesce vivo.

Come ho chiarito, la vibrazione è tutto, quindi possiamo

tranquillamente dedurre che la vita stessa è una qualche specie di materia in vibrazione. È qualcosa che l'essere umano non riesce né a misurare, né a comprendere, eppure è in grado di apprezzarne e percepirne l'esistenza. Come abbiamo visto all'inizio del capitolo, ogni fenomeno capace di produrre effetti tangibili è, per definizione stessa, il risultato di una qualche energia. In questo caso si sta parlando di energia vitale.

Trovo meraviglioso sapere che la forma più vicina a noi della "pura" energia sia proprio la vita: qualcosa di talmente delicato e raro da essere addirittura insostituibile.

Se avete compreso questo, sarà semplice espandere il concetto verso altre cose che noi sappiamo per certo "esistere", anche se solo nel nostro mondo interiore. Un sentimento, un'emozione, un'idea, un dolore: sono tutte realtà capaci di alterare lo stato delle cose, quindi sono anch'esse una vibrazione.

Tutto è vibrazione! Iniziate a capire?

La forza di gravità è una vibrazione, tanto è vero che gli scienziati la definiscono come composta da onde gravitazionali. Persino l'idea che vi state facendo di questo complicatissimo capitolo è anch'essa una vibrazione, creata ad arte dentro di voi dalle mie parole. Avrete sicuramente già sentito parlare delle onde celebrali!

In realtà il concetto di vibrazione è molto più complesso di quello di una semplice "onda". La nostra esistenza terrena non sarà mai in grado di comprendere la complessità delle vibrazioni più sottili. Ad esempio per noi è già difficile intuire il fatto che in questo momento, toccando le pagine di carta che compongono il libro, stiamo toccando materia in vibrazione. La nostra percezione è di qualcosa di statico perché per il nostro vivere quotidiano non è importante percepire e riconoscere queste vibrazioni, ma solo quelle che realmente possono tornarci immediatamente utili.

Infatti tutti riusciamo ad immaginare e a comprendere come ogni suono che percepiamo attraverso le orecchie sia una vibrazione che si trasmette attraverso l'atmosfera, così come la luce sia un'onda che si propaga attraverso lo spazio. Probabilmente i più acculturati di voi sapranno anche che a determinate frequenze di vibrazione dell'aria corrisponde la nostra percezione delle diverse note musicali o che a particolari vibrazioni luminose percepiamo ogni colore. Questi concetti li insegnano a scuola da quasi un secolo e li avrete già sentiti anche se, in pratica, nessuno ha mai visto o percepito un suono o un colore in quanto vibrazione pura e semplice.

Tanti altri fenomeni che ci circondano sono il risultato di una vibrazione o di una sua risonanza. La risonanza, come vedremo più avanti, è la capacità di una vibrazione di innescarne altre. Risuonare non significa altro che rispondere ad una vibrazione con un'altra vibrazione, un po' come fa la nostra voce quando echeggia in ampi spazi.

Se espandiamo il concetto di vibrazione ulteriormente,

verso altre caratteristiche del mondo che ci circonda, sarà semplice accettare che anche il successo è vibrazione, la ricchezza è vibrazione, la felicità è vibrazione. Come ho già detto, tutto quello a cui potete dare un nome non può che essere una vibrazione.

Certo, tutto è vibrazione, ma non tutta la materia che vibra è identica. Ne esistono innumerevoli tipi, più o meno complessi. Ad esempio la materia che genera la ricchezza è chiaramente di un tipo diverso di quella che genererà il successo. A noi non è dato conoscere questi dettagli, ciò non toglie che ogni materia sia presente e disponibile in quantità limitate. Più la vibrazione che si prende in considerazione è rara e più lo sarà anche la materia che la contraddistingue.

È fondamentale comprendere che tutto non può essere a disposizione di tutti. È impossibile che tutti siano contemporaneamente felici, così come è impossibile che tutti siano arrabbiati. È impossibile che tutti siano ricchi, così come è impossibile che tutti siano poveri. L'impossibilità è data in primo luogo dalla scarsità della materia che può generare determinate vibrazioni. Se dividessimo equamente tra tutti gli esseri umani l'oro presente sul pianeta, nessuno potrebbe dirsi ricco. Anzi probabilmente molti non darebbero neanche peso al fatto di possedere dell'oro.

Perché una persona possa definirsi ricca in oro, questa ne deve possedere molto più degli altri! Occorre tanta pazienza e maestria per riuscire ad accumularne abbastanza, raccogliendolo da chi non sa cosa farne o come gestirlo al meglio.

Allo stesso modo perché una persona riesca ad innescare la vibrazione "felicità" per sé o per qualcun'altro, deve dapprima avere accumulato una sufficiente quantità di materia adatta a gestire quel tipo di vibrazione.

L'impossibilità è anche data dai fenomeni di risonanza che vengono inevitabilmente a crearsi quando una nuova vibrazione si afferma tra le altre, generando effetti diversi, anche opposti e contrari a quanto auspicato. Ad esempio se consideriamo la felicità come una vibrazione, cosa sarebbe la tristezza? La tristezza non è semplicemente l'assenza della vibrazione "felicità". La felicità e la tristezza sono frutto di risonanze diverse in "materie" diverse.

Come avrete intuito, il mondo delle vibrazioni è davvero complesso, ma ciò non toglie che esistano forze e leggi universali a cui anch'esse devono sottostare.

Alcune di queste, sono a noi note e ora cercherò di introdurvele.

3

Un silenzio assordante

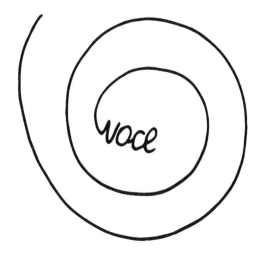

Quell'infinito silenzio a questa voce vo comparando

Iniziamo questo capitolo ponendoci delle domande. Vi siete mai chiesti come mai assomigliate ai vostri genitori e ai vostri parenti più stretti? Vi siete mai chiesti come mai questa somiglianza non sia tale solo dal punto dell'aspetto fisico, ma vi spinge ad avere le loro stesse abitudini, manie, paure, idee e modo di reagire di fronte alla vita? Queste sono tutte domande interessanti che, prima o poi, tutti arrivano a porsi almeno una volta. A seconda del vostro grado di consapevolezza spirituale o del vostro grado di preparazione scientifica potete trovare diverse risposte a queste domande. Come ho già chiarito, le risposte non sono merce rara e preziosa. Ne potete trovare quante ne volete: la genetica, le interazioni sociali, la psicologia e chi più ne ha, ne metta.

Basta poca consapevolezza per notare queste coincidenze, queste risonanze, nella vita quotidiana. Ne occorre un pochino di più per comprendere che anche chi sostiene di essere cresciuto radicalmente diverso dai propri genitori, ad esempio perché non sopportava un loro modo di fare o di essere, in realtà è la conseguenza di una perfetta risonanza prodotta dall'energia presente in loro. Per comprendere meglio questo punto possiamo considerare un antico modo di dire che usiamo piuttosto spesso: "gli opposti si attraggono". Questa frase sta a sottolineare proprio questo aspetto. Quello che appare essere una differenza diametralmente opposta, in realtà è l'altra faccia della stessa vibrazione, ovvero una vibrazione opposta e contraria a quella che in qualche modo era ritenuta insopportabile.

Le domande non finisco mai, dovreste saperlo. Vi siete mai chiesti perché alcune persone non riescono ad avere successo nel mondo del lavoro e/o nelle relazioni sociali nonostante l'ottimo livello di istruzione che riescono a raggiungere e tutto l'impegno che cercano di mettere nella loro vita? Vi siete mai chiesti perché altre persone sono in grado di ottenere grande successo sia economico, sia sociale e per di più senza nessuno sforzo apparente, pur avendo trascurato quasi completamente ogni forma di educazione superiore?

Non lasciate divagare la mente per andare a cercare esempi che possano confermare una qualche vostra idea in merito. Mi riferisco a visioni parziali che considerano quanto sia più facile avere successo se si è un "figlio di papà". Fermatevi a considerate voi stessi. Potete stare certi che non avrete mai possibilità di conoscere nessun altro meglio di voi stessi, anche se al momento attuale è molto probabile che non vi conosciate così in profondità.

Vi siete mai chiesti perché, nonostante tutta l'energia e l'impegno che iniettate nella vostra vita, nel tentativo di ottenere un qualche tipo di risultato, dal vostro punto di vista molto invitante e appetibile, continuate a non riuscire a raggiungerlo? Avete notato come tutto quello che provate a fare, alla fine scateni quasi sempre lo stesso schema di eventi che poi riporta ad ottenere inevitabilmente risultati diversi dal previsto e probabilmente non voluti?

Molti di voi chiameranno questo tipo di esperienze con parole tipo insuccesso o fallimento. La parola insuccesso esprime l'opposto della parola successo. Lo sapete qual è l'idea che racchiude? Semplicemente esprime il fatto che accade qualcosa in seguito ad un'azione precedente. Quindi l'insuccesso, per definizione, è quando non accade nulla in seguito ad un'azione. Se il risultato è diverso da quello che ci si aspetta, è tecnicamente sempre e solo un successo, anche se non corrispondente a quello auspicato.

Se vi siete posti queste domande già da tempo oppure state iniziando a considerarle solo ora, questo libro potrebbe portarvi ad intuirne la risposta. Certo, conoscere la risposta non avrà nessuna utilità. Infatti, comprendere perché qualcosa succede non è necessario e neanche sufficiente per evitare che possa accadere nuovamente.

Se dotassimo una chitarra di tutta la consapevolezza e l'intelligenza necessarie per comprendere come fa un violino a produrre un suono tanto maestoso, non riuscirebbe comunque mai a "trasformarsi" in un violino o a produrre quel tipo di sonorità. Perché la chitarra possa suonare in modo simile al violino, come sempre nella vita, occorrerà l'intervento di una energia esterna, ad esempio l'intervento di un liutaio molto spiritoso.

La mia risposta a tutte queste domande, e a molte altre ancora, è semplice: sono tutti fenomeni di risonanza.

Ogni battito del nostro cuore è un miracolo. Ogni respiro che compiamo è un mistero. Ogni singola cellula del nostro corpo, ogni stella dell'universo, respira ed ha un cuore che batte seguendo un ritmo cadenzato e inenarrabile. Eppure noi non siamo normalmente consapevoli della nostra respirazione o del battere del nostro cuore. Tutto avviene nel quasi totale disinteresse. Se proviamo ad osservare l'infinitamente piccolo, ad esempio un atomo, o l'enormemente grande, ad esempio il nostro sistema solare, non siamo in grado di apprezzare la presenza di un respiro o di un cuore che batte, dato che tutto avviene a velocità troppo rapide o troppo lente per la nostra comprensione. Ciò non toglie che tutto quello che ci circonda pulsa e risuona. Come abbiamo visto, tutto è energia, tutto è vibrazione. In un sistema di organizzazione così complessa, nulla può accadere senza che questo abbia una ripercussione, anche minima e impercettibile, su tutto il resto.

Quando siamo stati concepiti, eravamo solo pura essenza. Ancora il mondo esterno non ci aveva plasmato. La nostra energia vitale, la nostra essenza, era vigile e libera di esprimersi. Non avevamo ancora iniziato a creare nulla, tanto meno una delle tante personalità che teniamo in vita dentro di noi. Intuire come ogni cosa sia il risultato di fenomeni di risonanza, di vibrazioni create in risposta ad altre, non è semplice. Proverò ad aiutarvi raccontandovi una piccola storiella. Immaginate di introdurre qualcosa di delicato e prezioso, ad esempio un piccolo carillon musicale, in un grosso capannone pieno di cassette della frutta. Il piccolo carillon non sa ancora nulla di sé, non si conosce. Come potrebbe, non ha ancora avuto modo di farlo. Però sente parlare attorno a sé. Ogni cassetta della frutta racconta orgogliosa di quanto sia utile al mondo, di quanto sia bello portare la frutta al mercato, di quanto sia profumata quella di stagione o di ogni altro particolare che la faccia sentire utile e importante. E lo fa a gran voce, in continuazione. Probabilmente alle cassette della frutta non piace il silenzio e non appena lo avvertono attorno a loro, lo riempiono istintivamente con inutili chiacchiere.

Come pensate si possa sentire il piccolo carillon? Immerso in tutto quel trambusto, neanche troverà l'occasione giusta per suonare e far risuonare la sua musica. Probabilmente pensa che, anche se mai provasse a farlo, nessuno lo ascolterebbe. Pian piano si renderà conto di essere diverso da tutto quello che lo circonda e in lui inizierà a farsi avanti la vibrazione della paura. La paura di non venire accettato, o peggio, di venire deriso da tutte le altre cassette della frutta, specialmente da quelle a cui lui tiene di più.

Col procedere del tempo si renderà conto che questa sua diversità lo porta soltanto a soffrire. Ad un certo punto non vorrà più sopportare l'enorme sofferenza che avverte ed indirizzerà tutte le sue energie a creare qualche escamotage che lo riporti ad uno stato di pace. Ed è proprio in quel momento che il piccolo e delicato strumento musicale, concepito perfetto in ogni sua parte, inizia a non considerarsi più come tale. Inizia a pensare che forse è nato carillon per errore. Forse anche lui doveva nascere come una robusta cassetta, magari per un tipo di frutto molto prezioso, di quelli che ce ne sono ben pochi da trasportare.

Il piccolo carillon potrebbe ribellarsi non solo alla sua natura, ma addirittura a quella di chi lo circonda. Con una dose di sofferenza sufficientemente forte, il piccolo carillon potrebbe volere trasformarsi in qualcosa di meglio di una cassetta realizzata con legno grezzo: ad esempio una scatola porta gioielli in preziosa radica di legno, piena di intarsi colorati e sfavillanti. E se la sua energia vitale è sufficiente, potrebbe anche riuscirci. Sarebbe certo sempre una scatola di legno, ma di che legno! E non porterebbe a spasso frutta puzzolente, ma il meglio del meglio: diamanti!

L'anima, l'essenza originaria del carillon non ha più modo di esprimersi. Lui stesso si è dimenticato di essere nato carillon e tutte le sue energie vitali vengono utilizzate, non per portare nel mondo la sua musica, ma per sostenere e nutrire il guscio di legno che si è creato tutt'attorno. Anzi nella sua intimità pensa che se venisse chiuso in un cassetto o una cassaforte, sarebbe ancora meglio.

Più o meno è così che il piccolo carillon partecipa al silenzio. Si è semplicemente accordato, è entrato in risonanza, con quello che lo circondava. Non si ricorda di essere un carillon: è convinto di essere una scatola chiusa, che neanche può più aprirsi in quanto la chiave è andata persa chissà quando e chissà dove.

Il mio dono è un po' avere il passe-partout di queste situazioni.

Eppure il caso non esiste, tutto è conseguenza di qualcosa. Se un carillon è nato tra delle cassette della frutta, non può essere un errore. Anzi è proprio lì che era più necessaria la sua musica!

Questa piccola storiella racchiude quello che verosimilmente accade a tutti noi. Assomigliamo a chi ci circonda non solo per motivazioni legate a fattori chimico-fisici, ma per effetto delle vibrazioni che ci circondano. Infatti la nostra essenza, pura e forte al momento della nascita, se non sorretta dalle giuste energie, tende a lasciare il posto alle personalità che sviluppiamo naturalmente per via dei fenomeni di risonanza con l'ambiente socio-culturale che ci circonda. Cercherò di spiegare ulteriormente questo concetto, per dare modo a tutti di intuire la complessità di questo fenomeno.

La musica è qualcosa di veramente magico ed è in grado di "risuonare" all'interno del nostro corpo in modi che possono apparire misteriosi, ma che può diventare semplice e divertente sperimentare di persona.

Sicuramente, nella vostra vita vi sarà capitato di sentirvi tristi per qualche motivo. Ad esempio una delusione sentimentale o lavorativa. In genere, per evitare di ascoltare il rimbombare della voce del silenzio che ci circonda, in quei momenti si ascolta della musica.

Bene, che tipo di musica vi andava di ascoltare nei momenti di tristezza? Forse qualcosa di allegro e spensierato? Non penso proprio. Avrete ascoltato musica che risuonava con il vostro sentire interiore, ovvero qualcosa di triste e struggente oppure qualcosa che stimolasse lo spirito di rivalsa o di vendetta.

E quando eravate davvero tanto felici, vi ricordate che musica avevate sempre a portata di mano? Certamente il repertorio musicale dei momenti di felicità è ben diverso da quello della tristezza. Un pezzo triste sembrerebbe troppo lento e lagnoso nei momenti di felicità.

Un altro esempio è quando si ascolta della musica per darsi una carica, per raggiungere un qualche obiettivo sportivo o atletico. Dubito che in quei momenti si voglia ascoltare la stessa musica di quando si è tristi o quando si è felici.

La musica che si desidera ascoltare è quella che risuona maggiormente, quella che si "accorda" meglio, con qualche vibrazione presente in quel momento dentro di noi. Questo fenomeno ha una duplice realtà, ci consente di conoscere in qualche modo empirico parte delle vibrazioni interiori e ci permette anche di controllarle. Infatti esistono più studi che evidenziano questo aspetto. Quando ci si forza ad ascoltare un tipo di musica non in sintonia con noi stessi, dato che non si ha il controllo sulla musica esterna, la nostra reazione è quella di "accordarci" sulla musica. Ad esempio se si viene forzati ad ascoltare della musica triste sufficientemente a lungo, ben presto ci si ritroverà a diventare malinconici. La potenza di questo tipo di meccanismi è tale che molte organizzazioni militari hanno adottato la musica per creare delle vere e proprie "torture" per indurre i prigionieri a rivelare i loro segreti. Ora che è chiaro cosa sia una risonanza e come questa operi a livello delle vibrazioni, avrete anche modo di comprendere meglio le risposte alle domande che ci siamo posti all'inizio del capitolo.

Le vibrazioni, in qualche modo, si comportano come fossero una sostanza di cui ci cibiamo. Le assorbiamo per via dei fenomeni di risonanza e diventano parte di noi. Alcune di queste vibrazioni sono davvero semplici da "allontanare", altre sono più persistenti e occorre grande forza e determinazione per riuscirci.

Senza entrare in aspetti troppo filosofici e profondi, vi sarà chiaro comprendere perché parlate con un determinato accento, con una particolare cadenza o con qualche tipico difetto di pronunzia, senza che ne siate affatto consapevoli o che gli diate dell'importanza. Ogni genitore, ogni figura di riferimento, trasferisce parte delle proprie vibrazioni nei figli per via dei fenomeni di risonanza. Alcune sono più evidenti, altre meno.

La vocalità di ognuno di noi è stata addestrata attraverso l'esperienza pratica e la maggior parte delle volte che non si ottengono i risultati sperati nelle relazioni familiari, sentimentali e professionali è perché la vocalità include qualche caratteristica inadatta a risuonare in accordo con quelle delle persone che ci circondano. La mia esperienza professionale mi insegna che semplicemente intervenendo sulla vocalità di una persona è possibile aiutarla a cambiare molte di queste risonanze "inadatte" che porta da sempre dentro di sé. Molti dei miei più grandi successi lavorativi sono proprio legati alle persone che hanno voluto rimuovere l'accento, la cadenza o qualche difetto di pronunzia per apparire più adatti e preparati per una promozione o un nuovo lavoro.

Il fatto importante da notare è che non sono stata io a scegliere di voler correggere o migliorare la loro vocalità. Sono stati loro a "sentire" questa esigenza. Hanno dato ascolto a una qualche forma di disagio interiore, di risonanza profonda. E si sono impegnati molto per riuscirci. Io li ho solo aiutati a riallinearsi con la loro Inborn Voice.

Oggi è sempre più raro incontrare persone disposte ad investire energie e sacrifici verso uno scopo superiore. Essere determinati non è qualcosa di difficile da fare. Basta essere semplicemente onesti con se stessi e mantenere una decisione in modo che la sua vibrazione si assesti. Eppure oggi sembra che tutti vogliano ottenere tutto, subito e pure in fretta! Questo tipo di mentalità o per meglio dire, di vibrazione, col passare degli anni si è diffuso a macchia d'olio e ha risuonato in ogni aspetto della nostra vita. Tutto deve essere per forza semplice e alla portata di tutti.

Questa vibrazione ritrova le sue origini nella nostra infanzia. Provando a scavare nella nostra memoria, cercando di fare uno sforzo per ricordare il passato, sarà semplice individuare momenti in cui eravamo tutti indistintamente convinti di poter fare cose incredibili, senza soffrire fatica, senza sudare e senza incontrare nessun ostacolo. Alcuni ricorderanno con un sorriso di aver sollevato o spostato pesi enormi, di avere vinto una corsa con gli amici più veloci, di avere segnato il gol della vittoria con la propria squadra del cuore, di avere conversato con il proprio giocattolo o con qualche animale domestico. I più fortunati ricorderanno di avere fatto anche cose ancora più meravigliose, come l'essere riusciti a volare o di avere avuto tutti i poteri tipici di un supereroe.

Ognuno di noi ha questi ricordi più o meno sepolti dagli anni: sto parlando dei sogni. Tutti abbiamo sognato questo tipo di cose ad occhi aperti, quando giocavamo da bambini o una volta cresciuti, durante il sonno.

Durante l'adolescenza gli esseri umani subiscono diversi cambiamenti, che li portano ad attivare tutta una serie di funzionalità prima 'assopite'. Tra queste c'è anche la parte del cervello che è dedicata alla razionalità che dovrebbe farci rendere più consapevoli della realtà oggettiva in cui viviamo. La realtà è ben diversa dai sogni. Senza fatica, impegno, dedizione e la capacità di indirizzare le nostre energie in direzione del proprio talento, non si può ottenere granché. Non preoccupatevi della parola talento, perché ognuno di noi ne ha almeno uno! E sapendo come cercarlo, non è neanche difficile individuarlo.

Questo è il motivo per cui descrivo le persone come imprigionate in un sonno profondo, da cui sembra non vogliano proprio svegliarsi, neanche quando la loro stessa vita è messa a rischio. Chiunque abbia mai partecipato ad una maratona, sappia fare un ritratto, sappia tenere la contabilità di un'azienda, sa perfettamente quanti anni di preparazione, di sacrifici e perché no, di dolore, sono passati sotto ai ponti prima di giungere a quel punto. Anche le persone che primeggiano in qualche campo, hanno dovuto imparare a farlo. Un talento può portare a primeggiare, ma occorre comunque coltivarlo. Tra le altre cose, non è detto che riuscire a sviluppare il proprio talento porti a diventare ricchi e famosi, ma sicuramente porta all'evoluzione o alla creazione di qualcosa che porta con sé tanta soddisfazione e felicità.

Quando si affronta il mondo e la sua vibrante realtà, basta un minimo di buon senso per comprendere che occorre quasi sempre molto più tempo e dedizione del previsto per ottenere, sempre se ci si riesce, il risultato desiderato. La differenza tra una persona che riesce a ottenere un risultato e una che non ci riesce non è solo da ricercarsi nella perseveranza, ma nelle vibrazioni e nelle risonanze. Nella nostra vita quotidiana siamo abituati a dare diversi nomi a questi fenomeni, ad esempio "caso" o "fortuna". La perseveranza non è poi così tanto necessaria e viene quasi sempre valutata nel modo scorretto. Infatti se è vero che le persone che raggiungono un risultato hanno lottato per ottenerlo, non è detto che basti lottare per ottenere un risultato. Molto spesso chi ha ottenuto un risultato di rilievo ha provato molte altre strade prima di trovare quella che ha regalato le maggiori soddisfazioni.

La reazione tipica delle persone che si trovano di fronte alla crudezza della realtà, è quella che si fa solitamente durante il sonno quando qualcuno accende la luce nella notte. Ci si gira dall'altra parte, per tornare a dormire.

Col passare del tempo, le persone invecchiano e smettono di cercare di migliorare le cose, preferiscono sonnecchiare e vivere nella tranquillità. E quando si vive senza voler migliorare le cose, tutto quello che accade è davvero frutto del caso fortuito. Ci si comporta, senza consapevolezza, come una barca a vela sospinta dalla volontà del vento e delle correnti marine.

4

LE LEGGI DEL MONDO

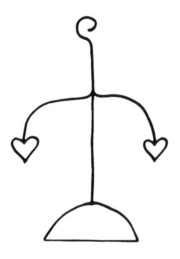

La legge è uguale per tutti

*I*n questo mondo, noi siamo esseri davvero speciali, dovremmo tutti esserne già consapevoli. Chi per un motivo, chi per un altro, in fondo in fondo, sa di essere speciale. Io però non mi riferisco ad una caratteristica soggettiva, ma a qualcosa di oggettivo. Infatti nel nostro essere sono presenti diverse energie e ben tre di loro sono capaci di esprimersi compiutamente nel creato che ci circonda. Vediamo di capire quali.

La prima forma di energia è chiaramente la più ovvia da notare: è quella che compone il corpo di cui siamo fatti. È una forma di energia che ci accomuna a tutto quello che ci circonda. Infatti la materia che costituisce il nostro corpo è senza dubbio simile a quella che possiamo ritrovare in ogni altro essere umano o in ogni altra cosa tangibile appartenente al mondo minerale, animale e vegetale.

Non è un caso che tutte queste energie siano similari, infatti grazie a ciò il nostro corpo riesce ad interagire con loro, nutrendosi, modificando e creando quanto lo circonda. Come sempre, ogni medaglia ha un rovescio e quindi l'interazione è reciproca e il corpo ne subisce le conseguenze.

La seconda forma di energia che ci contraddistingue, anche se viene spesso data per scontata o trascurata, è evidente a tutti noi. È un'energia nascosta, una vibrazione, una musica che nessuno strumento musicale potrà mai ripetere. A differenza dell'energia precedente è qualcosa di unico al mondo: non ne esistono due uguali.

Ogni individuo è contraddistinto da un'energia diversa. Persino due gemelli omozigoti, identici in tutto e per tutto, differiscono in questo aspetto. Questa energia possiede diversi nomi, ad esempio vita, anima o spirito. Non è importante quale nome si utilizzi, l'importante è capire a cosa ci si riferisce.

Ho il vezzo di indicare come "voce" ogni vibrazione che riesco a riconoscere nel creato, e questo tipo di energia l'ho battezzata Inborn Voice. Noi siamo venuti al mondo per mezzo e per opera di questa vibrazione e il nostro compito, il nostro scopo di vita è semplicemente quello di portarla a compimento, di farla evolvere fino alla massima perfezione. Certo questa stessa energia è chiaramente presente anche in ogni altro essere vivente e persino in quello che per noi è qualcosa di non vivente, ad esempio una roccia, un pianeta o una stella.

La terza energia che abbiamo a nostra disposizione è quella più magica: è la nostra voce, proprio quella che utilizziamo ogni giorno per parlare o cantare. È un'energia molto speciale, diversa dalle due precedenti perché possiamo utilizzarla a nostro piacere, dietro un semplice comando, dando vita a qualcosa che prima non esisteva, mettendo in vibrazione parte della materia esistente, nel caso più usuale le molecole che compongono l'aria. Questo punto è quello che ci rende più consapevoli di essere, in qualche modo, simili a Dio, di essere anche noi capaci di creare qualcosa dal silenzio.

La voce è lo strumento che, teoricamente, ci può consentire di portare la nostra Inborn Voice, a manifestarsi nel mondo esterno. Ovviamente tra il dire e il fare ci sta in mezzo un bel mare. Direi anche un oceano. È evidente a tutti che pronunciando la parola *risotto*, questo non apparirà magicamente dal nulla, caldo e fumante, di fronte a noi. Il fatto che la nostra voce sia uno strumento adatto a portare la magia nel nostro mondo, non significa che basti dar fiato alle corde vocali per esserne capaci.

Per riuscirci, anche un poco, occorre entrare in contatto, in allineamento con la propria Inborn Voice ed avere a propria disposizione il giusto tipo di materia da mettere in movimento. Riuscendoci potremmo considerarci al pari di Dio? Forse solo un pochetto. Non bisogna dimenticare che noi portiamo al nostro interno una Inborn Voice, mentre il Creatore le possedeva tutte quante contemporaneamente.

Questa idea è tanto antica che la sua origine si perde negli albori dei tempi. Tante leggende e racconti raccontano di potenti maghi capaci di fare cose strabilianti. Probabilmente sono tutte fantasie, ma occorre comunque tenere presente che ogni mago che si rispetti, inventato o meno, ha sempre avuto e utilizzato incantesimi e parole magiche.

L'idea di parola magica è chiara a tutti, non occorre che ve la spieghi. Abracadabra, Hocus Pocus, Sim Sala Bim, Alakazam, Apriti Sesamo e Shazam sono solo alcune di loro. Vi siete mai chiesti che cosa sia, che cosa significhi, *incantesimo*? Non vi meraviglierà sapere che è una parola composta dalla particella *in* e dal verbo *cantare*. Letteralmente significa "cantare dentro". Bel concetto!

E quale sarà il significato della parola *cantare*? Rimarrete ancora meno stupiti dal sapere che significa: *risuonare*. Quindi un incantesimo è la capacità di risuonare dentro. Questa sì, che è pura magia!

Uno dei motivi principali per cui ho scelto di battezzare il metodo che utilizzo per insegnare alle persone come usare la voce per parlare, socializzare o cantare, Inborn Voice è proprio ispirato all'alone di magia che circonda la voce umana.

Ora che abbiamo visto che tutto è vibrazione e che abbiamo identificato tre energie che fanno sicuramente parte di noi, è opportuno iniziare a comprendere a quali leggi ogni vibrazione deve sottostare. A differenza delle leggi dell'uomo, queste leggi sono universali, ovvero ogni cosa che esiste o può esistere è soggetta a rispettarle. Nulla, proprio nulla può scapparvi. Che si tratti di un'onda sonora, di un'onda celebrale, della vita o di qualcosa di ancora più intangibile, ogni vibrazione è sottoposta alle stesse identiche leggi.

Sono leggi che possiamo trovare accennate o spiegate in diversi ambiti, anche se non negli stessi termini o non correlate agli stessi argomenti. Non è mia intenzione andare a ricercare se la loro provenienza sia divina o meno. Quello che per me è certo, è che niente e nessuno può evitare di subire queste leggi, neanche chi le avesse create. Se Dio apparisse in carne ed ossa tra noi, non potrebbe fare altro che sottostare lui stesso alla forma che queste leggi assumono nel nostro mondo.

Le leggi che regolano il mondo, sono tante, teoricamente sono dodici, ma nella nostra condizione umana è già tanto riuscire a comprenderne un paio.

La prima legge che regola tutto quello che può esistere, la ritroviamo in tutte le culture del mondo, da quelle più antiche a quelle moderne, da quelle religiose a quelle filosofiche, e con buona probabilità l'avrete già incontrata qualche volta nella vostra vita. Io la definisco legge armonica, in quanto serve a regolare l'armonia, l'equilibrio, il centro, di tutto quello che esiste. La legge di per se stessa è molto complessa, non vale la pena apprenderla nella sua essenza. Per il nostro viver quotidiano basta comprendere che tutto quello che esiste ed è in vibrazione è sempre e comunque soggetto a tre distinte forze e che queste agiscono sempre contemporaneamente.

L'origine di queste forze non ci è possibile conoscerla, l'importante è iniziare a comprendere che le forze che agiscono su ogni energia, o vibrazione, sono sempre e comunque tre, mai due. Purtroppo ci hanno insegnato, fin da piccoli, a considerare sempre le cose in base a due punti di vista, ad un dualismo. Al bianco o al nero. Al sì o al no. Al felice o al triste. Al ricco o al povero. Crescendo ci siamo talmente abituati a questo modo di spezzare sempre in due metà qualsiasi idea o concetto, da convincerci che questo alternarsi corrisponda alla realtà. La realtà, come tutti avete avuto modo di constatare almeno una volta nella vita, è ben diversa. Probabilmente pochi di voi si saranno accorti dell'esistenza o dell'influenza di questa terza forza all'interno del nostro mondo. Alcuni di voi l'avranno individuata solo nell'ambito religioso o spirituale, ad esempio per i Cristiani nella trinità di Dio, ma non in tutto quello che esiste.

Ogni cosa che esiste, ogni forza che può modificare lo stato delle cose, ogni energia è sempre rappresentabile da tre forze. La terza forza, nonostante passi inosservata, è quella che in realtà la fa' da padrone. È talmente nascosta in bella vista che nessuno sembra farci caso, come addormentati in un sonno profondo.

Dato che è importante capire il concetto, vi farò degli esempi che possano aiutare a comprendere meglio l'esistenza universale di questa forza.

Immaginate di avere di fronte una chitarra. Se non ne avete mai vista una, immaginate una corda tesa tra due estremità fisse, ad esempio il filo che si utilizza per stendere il bucato. Evitiamo di complicare le cose e limitiamoci a considerare una sola corda. Perché questa inizi a vibrare occorre l'intervento di un qualche tipo di forza esterna che la metta in movimento, ad esempio un pizzico. La corda, in quanto tale, non ha nessuna forza a sua disposizione. Quando si pizzica la corda di una chitarra le si imprime una forza attiva, ovvero le doniamo parte della nostra energia per spingerla a vibrare con un modo ondulatorio di "va e vieni". Se mentre la pizzichiamo la tiriamo verso l'alto, quando la lasceremo andare, inizierà a vibrare dirigendosi dapprima verso il basso.

Il nostro intervento sulla corda, la nostra energia, è presente solo nel momento iniziale. È la tensione che caratterizza l'esistenza stessa della corda, che la porta a sviluppare una forza passiva, opposta alla precedente, che la spinge a discendere nuovamente verso il basso. Si tratta di una forza passiva perché, questo tipo di energia è indipendente da qualunque volontà. Né noi, né la chitarra, né la corda possiamo fare nulla in merito. È un'altra legge universale, quella della risonanza, a portare la corda a vibrare in un ciclo continuo di forze passive, facendo alternare, in questo caso, movimenti verso l'alto a quelli verso il basso.

L'idea comune di tante persone è che esistano solo questi due tipi di energia nel nostro mondo. La prima è l'energia attiva, ovvero quella in cui occorre un intervento esterno perché avvenga qualcosa, l'altra è l'energia passiva, ovvero quella che si può soltanto subire. Ad esempio se ci viene posta una domanda possiamo rispondere sì o no, quindi agiamo in qualità di forza attiva. Viceversa quanto tocca a noi porre la domanda, possiamo solo accettare la risposta che ci verrà data, che sia un sì o un no, quindi in questo caso siamo una forza passiva.

In realtà esiste una terza energia che è ben più forte ed evidente delle altre due, ma che nessuno considera. Infatti, esiste una forza in grado di neutralizzare ogni energia attiva o passiva, impedendole di continuare ad esprimersi all'interno del mondo. Questa energia è la stessa che porta la corda a smettere di vibrare.

La scienza è in grado di dare molteplici spiegazioni su quale sia la causa che fermerà la vibrazione della corda, ad esempio l'attrito con l'aria o la trasmissione della vibrazione alla struttura che la trattiene. Sicuramente l'attrito dell'aria influisce sul tempo in cui la corda si arresta, ma anche nel vuoto totale, la corda prima o poi smetterebbe di vibrare. Con una corda estremamente lunga e spessa magari la vibrazione si arresterebbe in un miliardo di anni, ma ciò non toglie che la vibrazione cesserebbe comunque e inesorabilmente. Nulla è eterno.

La terza forza è quella capace di neutralizzare ogni vibrazione.

L'esempio che ho fatto considera una corda, quindi come abbiamo visto in precedenza, uno spazio lineare a una sola dimensione. Crescendo ulteriormente il numero delle dimensioni, la cosa diventa troppo complessa da esporre anche per me, e non voglio annoiarvi ulteriormente con lunghissime spiegazioni. L'importante è comprendere che questa terza forza nel nostro mondo si esprime in qualcosa che potremmo definire avere una forma circolare, o per meglio dire, a spirale. Non per nulla la scienza ha confermato che esiste una spirale meravigliosa nella matematica e nella natura. Alcune di queste spirali sono evidenti come nei gusci delle chiocciole o nella disposizione dei semi di un girasole sulla sua corolla, mentre altre sono più difficili da individuare a prima vista.

In pratica la terza forza è riassumibile in un ciclo che si ripete, che risorge, sempre identico a se stesso, se non vi è il continuo intervento di un'energia attiva adeguata.

Questa legge ci aiuta a comprendere perché tutto nella nostra vita tende a ripetersi. Eppure pochi se ne accorgono, ne sono consapevoli. Assomigliamo ai nostri genitori, compiamo sempre le stesse scelte, tendiamo a ripetere gli stessi errori, a reagire sempre allo stesso modo.

La maggioranza delle persone si rende conto di questa ciclicità solo per quello che vorrebbe rimuovere dalla propria vita, in genere un vizio o il ripetersi di eventi poco desiderati. Ma anche chi ne è consapevole maggiormente, ben presto se ne dimentica. Vi sarete accorti di non riuscire a cambiare il vostro modo di agire, neanche mettendoci tutta la buona volontà del mondo. Avete provato ogni tecnica, ogni modalità, ogni strategia. Eppure, alla fine, tutto ritorna e si ripresenta. Ognuno di voi può essere consapevole di quale circolo vizioso è prigioniero, di quali e quanti tentativi ha fatto per lasciarselo alle spalle. Eppure, la spirale continua a ripresentarsi ogni volta, anche più forte di prima.

A volte ci si lascia soggiogare dalla ciclicità degli eventi e si smette di opporvi resistenza. Semplicemente non ci si fa più caso. Proverò a farvi un altro esempio pratico di come queste tre forze siano presenti e dominino la nostra vita quotidiana e ogni nostra scelta. Essere o non essere. Fare o non fare. Giusto o sbagliato.

Immaginate di camminare lungo una strada di campagna. Al momento di imboccare questa via avevate chiaro quale meta, per voi molto ambita, raggiungere, come la cima di una sontuosa scalinata, un maneggio di cavalli purosangue o un posto dove passare con serenità una vacanza. Man mano che vi addentrate lungo la via, il paesaggio vi ricorda qualcosa che avete già visto, avete persino la sensazione di un dejà vu.

Proseguendo oltre, il paesaggio inizia a diventare monotono, sempre lo stesso, e quindi perdete ogni interesse a guardarlo. Arriverà, piano piano, persino ad annoiarvi a disgustarvi e non vedete l'ora che cambi.

Ad un certo punto, arrivate ad un bivio a forma di "T". La strada su cui siete non prosegue oltre e potete scegliere solo se andare a destra o a sinistra. Dal punto di vista pratico non ci sono indicazioni, quindi non è importante quale strada si scelga perché ognuna delle due ha la stessa possibilità di essere quella giusta. È probabile, che giunti al bivio non vi sia più chiaro neanche perché siete arrivati fino a lì.

Questa piccola storiella serve a mettervi di fronte alla dualità che in qualche modo riconoscete esistere nella vita. Chiunque si trovi di fronte ad un bivio, pensa immediatamente di trovarsi di fronte a due sole scelte. Ognuna è potenzialmente quella giusta, ma ci appare naturale fermarsi un istante per valutare la situazione prima di imboccare la via scelta.

Se finora siete riusciti a riconoscervi in questo racconto, sono felice. Questo libro vi aiuterà tantissimo a comprendere come questo bivio sia soltanto una grande illusione, un sogno o, per meglio dire, un incubo. Solo la vostra Inborn Voice potrà portarvi ad uscirne salvi.

Questa illusione è probabilmente il principale motivo per cui tutto nella vita vi sembra ripetersi all'infinito.

L'energia neutralizzante è proprio quell'energia che assecondate nel fermarvi un istante a decidere quale sia la strada giusta. Questa piccola esitazione partecipa a far scemare la vibrazione che con tanto entusiasmo avevate innescato all'inizio del percorso, facendola rallentare o, per meglio dire, deviare.

La mia lunga esperienza lavorativa mi ha portato ad incontrare tante persone che hanno fatto una scelta diversa dall'andare a destra o a sinistra, a dimostrazione che le scelte a disposizione non sono mai solo due.

Ad esempio, molte persone scelgono di fermarsi proprio in mezzo al bivio. Dirò di più: molte di loro decidono addirittura di sedersi, tra l'altro in posizioni neanche troppo comode, ad aspettare che succeda qualcosa. Alcuni aspettano un compagno di viaggio, altri aspettano il denaro per acquistare un automezzo, altri ancora aspettano semplicemente.

Io incontro ogni giorno anche persone che, stufe di aspettare, hanno addirittura scelto di tornare indietro lungo la strada percorsa, dimostrando che le scelte a disposizione non erano due, bensì quattro!

Queste due scelte addizionali non appaiono subito evidenti all'occhio inesperto e sono l'effetto pratico dell'energia neutralizzante, che tenta costantemente di opporsi alla creazione di nuove energie.

In pratica, se l'aspettare vuol dire far piegare la via

fino a portarla ad avere una forma a spirale, il tornare indietro significa ottenere il risultato opposto a quello auspicato. Esperienza che molti di noi hanno provato sulla loro pelle. Ci si era incamminati lungo un percorso per ottenere una promozione e si viene licenziati. Si era iniziato il viaggio per un matrimonio e ci si lascia. Si vuole raggiungere il peso forma e si ingrassa.

Alcuni di voi si riconosceranno facilmente nelle mie parole. Eppure camminando verso Nord, si dovrebbe lasciare automaticamente il Sud alle spalle, dovreste saperlo. Se si smette di iniettare energia attiva verso nord, magari sprecando risorse con delle pause di riflessione, prima o poi si smarrisce la "diritta" via e la si trasforma in una grande curva.

Come ho anticipato, questa triplice natura di ogni energia è nota da sempre, viene tramandata in tutti i testi sacri e in tutte le culture del mondo. Nel cristianesimo è spiegata come la triplice natura di Dio e, anche se le altre religioni osteggiano la figura di Gesù, mantengono comune l'idea di una triplice natura della nostra realtà. La stessa idea la si può trovare un po' dappertutto, anche se chiaramente è stata spiegata in modi più o meno arzigogolati rispetto a me.

Ovviamente questa prima legge armonica è solo una di tante altre che dominano il creato. È una legge che ci aiuta a comprendere il ciclo di vita di una vibrazione e di come sia necessaria una forza attiva per mantenerla in essere.

La seconda legge che vi espongo, è la legge delle ottave. Serve a comprendere come una vibrazione si propaga o si evolve. Spiega come mai una vibrazione non sia in grado di esprimersi in modo uniforme e prevedibile. Questa legge non è tanto misteriosa, è nota da tantissimo tempo, si potrebbe dire da sempre. Visto il suo nome, molti avranno già intuito a cosa mi riferisco, anzi probabilmente qualcuno avrà anche un'infarinatura sull'argomento, in quanto è qualcosa di molto simile alla legge matematica che si utilizza per costruire la scala delle note musicali.

Non è mia intenzione parlare di teoria musicale nel dettaglio. Questo argomento è ampiamente dibattuto in testi disponibili a tutti ed è notevolmente complesso da comprendere, sia dal punto di vista filosofico, sia da quello matematico. Quelli di voi che sono più curiosi riusciranno sicuramente a trovare soddisfazione sui vari testi di teoria musicale. Faccio riferimento alla teoria musicale, nello specifico alle "ottave", ma solo per farvi comprendere l'idea astratta che sta alla base. La realtà della natura è ben diversa e poco corrispondente a quanto esposto nelle moderne teorie musicali.

La storia riporta che già nell'antichità la matematica era utilizzata per produrre strumenti musicali. Si erano infatti accorti che le note musicali venivano percepite armoniose solo quando avevano determinati rapporti proporzionali tra loro. Ovviamente all'epoca non si parlava di frequenza, ma ci si esprimeva in termini della lunghezza delle corde messe a vibrare. Ad esempio troviamo degli studi di Pitagora su una corda tesa in cui dimostrava che suddividendo una corda secondo determinati rapporti matematici, si ottenevano suoni consonanti tra loro.

Indipendentemente dal mondo della musica, questa legge è universale. Qualunque vibrazione esista è soggetta a questa legge.

Anche la scienza ha dimostrato empiricamente che aumentando progressivamente la frequenza a cui vibra una corda, il suo comportamento è diverso da quello che ci si aspetterebbe. Detto in termini tecnici, la sua risposta non è lineare. Ci sono dei momenti in cui la corda tende a vibrare di meno del previsto e altri in cui tende a vibrare più del previsto. Dal punto di vista pratico, a meno che siate un matematico o un fisico, non è interessante sapere altro.

Quando la vibrazione si diffonde lungo una corda, succedono fenomeni di risonanza, del tutto naturali, per cui chi ha avuto a che fare con gli strumenti musicali e la loro costruzione ha dovuto in qualche modo sviluppare un sistema matematico che garantisse di evitare di incappare in cacofonici punti di risonanza. Infatti in corrispondenza di quei punti, le note musicali diventano qualcosa di poco piacevole da ascoltare.

Se le corde della chitarra avessero delle proporzioni diverse, pizzicando una nota, questa non suonerebbe costante nel tempo, ma apparirebbe come "tremolante". Il suono non sarebbe costante per via delle fasi di accelerazione e di rallentamento delle vibrazioni che si verrebbero a creare per via dei fenomeni di risonanza. Tutti gli esempi che faccio sono per darvi modo di intuire qualcosa ad un livello semplice, così che possiate traslarlo ad un livello più complesso. Infatti noi non viviamo nel mondo unidimensionale di una corda, ma in un mondo multidimensionale molto più complesso. Eppure questi fenomeni avvengono ugualmente, anche se in modo diverso. L'importante è comprendere che nel nostro mondo una vibrazione non può evolversi lungo una traiettoria rettilinea, ma tende ad esistere in quello che potremmo concettualizzare come una forma a spirale. Per farvi comprendere meglio il concetto provate ad immaginare di lanciare un boomerang. È la sua forma, la sua stessa natura, che lo porta a compiere una traiettoria curva e a ritornare al punto di origine. La vibrazione "lanciata" da un essere umano, fa un po' la stessa cosa. Tende a comportarsi come un boomerang, per cui ad un certo punto si ritroverà a curvare per compiere un ciclo su se stessa.

Nel mondo della musica le note di un'ottava si ripetono ogni 12 semitoni. Ovvero una nota, ad esempio un DO, continuando a salire di frequenza si trova a "diventare" prima RE, poi MI, FA, SOL, LA e infine SI. Continuando a salire di frequenza torna ad essere un DO. Chiaramente non lo stesso DO, ma quello dell'ottava superiore.

Immaginando questo concetto nel mondo di un boomerang, significa che quando ritorna al punto di origine, non si troverà più nella mano di chi l'ha lanciato, ma ad esempio ai suoi piedi o oltre la sua testa.

All'atto pratico, quando si fa crescere di "ottava" una vibrazione la si porta ad evolversi, a passare a un piano superiore. Invece quando la si fa scendere di "ottava", la si porta ad uno stato di creazione, in un piano inferiore della materia.

Dato che non siamo stati concepiti come strumenti musicali dotati di tasti, costruiti appositamente per evitare questi momenti di rallentamento o di accelerazione delle vibrazioni, è evidente che ogni qual volta noi metteremo in atto una vibrazione, questa non potrà continuare ad esistere sempre identica a se stessa e inevitabilmente prima o poi tenderà a ritornare allo stato originario.

Se vogliamo riuscire a controllare questo fenomeno, al fine di portare a compimento il nostro intento originario, occorre in qualche modo agire continuamente sulla vibrazione che si era creata. Per farlo è necessario avere un qualche tipo di strumento, una guida, una bussola, che ci consenta di comprendere quando è il momento di fare accelerare la vibrazione per evitare una fase di rallentamento, oppure vice versa, quando è necessario lasciare andare le cose perché si sta affrontando una fase di accelerazione. Senza questo strumento, ci ritroveremmo a girare a vuoto, in un ciclo che si ripete all'infinito.

Noi siamo esseri speciali, forse divini, in quanto siamo stati creati dotati di questo strumento, di questa bussola: la nostra Inborn Voice.

5

LA VOCE UMANA

Il linguaggio ha ridotto la voce a mero rumore

Cosa si intende per voce? La parola voce è affascinante, perché trova le sue origini nell'idea di dare un nome alle cose. Sempre per citare i testi sacri, al loro interno troviamo sempre descritto che un essere superiore ha creato tutte le cose, quindi ha portato un'energia a scendere di vibrazione per renderla comprensibile all'uomo, che poi ha dato il nome a tutto parlando o cantando, grazie appunto alla voce. È importante comprendere che quando parlo di voce, sto sempre facendo riferimento alle vibrazioni e non alle parole. Le parole sono un modo di utilizzare la voce, di incanalare le vibrazioni, ma le due cose sono assolutamente distinte. Nel mondo esistono circa 7.000 diverse lingue, quindi circa 7.000 diversi modi di chiamare uno stesso oggetto, che però ha una sola e unica vibrazione che lo caratterizza.

La voce umana è qualcosa di unico nel nostro mondo. Avrete sicuramente notato che non esistono altre forme di vita sul pianeta in grado di parlare. Certo esistono specie in grado di ripetere perfettamente le nostre parole o i rumori che ascoltano, come i pappagalli ed i merli indiani, così come esistono altri modi di comunicare, ad esempio le grida di allarme o le complesse danze dei rituali di accoppiamento di alcuni uccelli. In definitiva, siamo l'unica specie vivente del nostro pianeta ad avere ricevuto il dono della parola, la capacità di esprimere agli altri quello che viviamo al nostro interno.

Grazie alle collaborazioni e alle ricerche scientifiche a cui partecipo, sono persino in grado di evidenziare qualcosa che potrebbe lasciarvi sorpresi: non esistono differenze anatomiche rilevanti tra noi e gli altri primati. Questo significa che all'atto pratico sono dotati di tutto quello che occorre per parlare. Eppure non lo fanno. La differenza principale tra noi e loro va ricercata altrove, ovvero all'interno del nostro cervello. È infatti il nostro cervello a garantirci la possibilità di controllare con precisione i movimenti del nostro apparato fonatorio, così da poter emettere le diverse sonorità nella giusta sequenza e con adeguata velocità. È sempre il cervello l'unico responsabile della nostra incredibile capacità di controllare la respirazione in modo da sincronizzarla con le necessità del parlare. Infine è sempre il cervello a darci la possibilità di comprendere e sviluppare il linguaggio. Compresi questi punti, la nostra unicità appare ancora più emozionante.

Per qualche motivo, abbiamo sviluppato un'intera area del nostro cervello per dedicarla alla parola. Eppure parlare non è qualcosa di necessario alla sopravvivenza, tanto è vero che in caso di pericolo estremo, nessuno di noi si sognerebbe mai di mettersi a fare un discorso complesso, ma si limita a strillare, esattamente come tutte le altre forme di vita.

Le ultime ricerche hanno confermato quello che si sospettava da tempo, ovvero la nostra capacità di strillare è istintiva e correlata alla parte più antica del nostro cervello. Un neonato è capacissimo di piangere fin dal primo istante in cui l'aria riempie i suoi polmoni, senza che nessuno gli abbia insegnato nulla.

Ora che sappiamo quanto siamo fortunati ad avere il dono nella parola, sarà bene comprendere anche da dove nasce questa straordinaria capacità.

Parlare per noi è qualcosa di talmente quotidiano, di essenziale, che nessuno si ferma a considerare che in realtà non è nulla di istintivo, ma è qualcosa che abbiamo imparato a fare nell'arco di molti anni, con tanto impegno e grande sforzo.

Il mio lavoro mi porta spesso in contatto con bambini

sordo muti, ciechi o autistici, quindi non mi occorre l'aiuto della scienza per comprendere da dove nasce la voce umana. La voce umana nasce nell'orecchio, in stretta collaborazione con gli occhi. Purtroppo chi nasce sordo, se non riceve aiuti dall'esterno, rimane anche totalmente muto, così come chi ha qualche difficoltà visiva tende ad emettere sonorità diverse dalla norma o a non comunicare correttamente.

La nostra voce, la caratteristica unica che ci rende tanto speciali, è in realtà diretta conseguenza dei nostri cinque sensi e dell'operato dei neuroni specchio, tutti elementi già a nostra disposizione fin dalla nascita.

Vi segnalo una curiosità: la scienza attuale si è fermata dinanzi ad un dilemma amletico, infatti vuole stabilire se sia nato prima l'uovo o la gallina. Sta cercando di capire se la parola sia l'origine o una conseguenza della nostra evoluzione celebrale. Ovviamente a noi comuni mortali non interessa questo tipo di discorsi, almeno non in questo momento.

L'aver partecipato a queste ricerche, anche se informalmente, mi ha regalato tantissime soddisfazioni, come l'avere ricevuto il riconoscimento che il mio metodo di insegnamento ricalca perfettamente i sistemi naturali di apprendimento dell'essere umano. A mia conoscenza, Inborn Voice è tutt'ora l'unico metodo che insegna ad usare la voce così come siamo naturalmente predisposti ad apprendere. Tutti gli altri metodi di insegnamento, soprattutto quelli che prevedono l'utilizzo di vocalizzi e altri esercizi vocali accompagnati da un pianoforte, sono in realtà deleteri o peggio ancora, dannosi, come dimostrano i tanti artisti che sviluppano noduli alle corde vocali o problemi ancora peggiori legati all'aspetto interiore della vocalità. L'essere umano vive contemporaneamente in due realtà ben distinte tra loro. La prima realtà che conosciamo è quella del nostro mondo interiore, quella che solo noi possiamo conoscere, la seconda è quella del mondo fisico esteriore, quella che condividiamo con gli altri. La nostra voce è il mezzo attraverso il quale mettiamo in comunicazione questi due mondi, quindi è una specie di ponte di connessione.

Questo dualismo, ancestrale e affascinante, molto probabilmente è all'origine delle religioni e delle discipline spirituali. Infatti *religione* è una parola che vuole essenzialmente esprimere l'idea di mettere assieme, di unire cose diverse: due mondi, due realtà per l'appunto. Tra l'altro mi piace sempre raccontare che molti termini legati all'apparato fonatorio, ad esempio gola, ugola e giugulare, sono parole che originano nella stessa radice sanscrita, ovvero Yug. Questa parola, in sanscrito originariamente esprimeva l'idea di mezzo di congiunzione o di interazione con il divino.

Finora abbiamo parlato in termini più o meno astratti, ora cerchiamo di scendere nel dettaglio più pratico.

Per semplicità, partiamo dal considerare la parte della voce umana che si interfaccia con il mondo esteriore, anche se questa voce viene ad esistere molto tempo dopo l'Inborn Voice, che come ho spiegato, inizia ad esistere assieme a noi.

Dal punto di vista fisiologico la scienza ci spiega che per ognuno di noi l'apprendimento della vocalità avviene attraverso meccanismi identici, però seguendo un percorso ogni volta diverso, legato al caso.

Cercherò di spiegare al meglio come nasce la voce umana, così da comprendere come in realtà tutto quanto non sia poi così casuale.

Tutti noi abbiamo iniziato a percepire suoni ancora nel ventre materno. In quella fase la percezione non avviene attraverso l'orecchio, ma attraverso tutto il corpo, specialmente la struttura ossea. Ognuno di noi ha percepito il mondo esterno per la prima volta attraverso le vibrazioni che risuonavano tutt'attorno a noi e all'interno del nostro corpo. Questo tipo di percezione non è una capacità esclusiva della fase della gravidanza. Tutt'oggi siamo in grado di percepire queste vibrazioni attraverso il nostro corpo, anche se di fatto non ne siamo più consapevoli. La nostra coscienza ha scelto di non prestare più attenzione a questi elementi già in tenera età.

Oggi potremmo definire questa capacità come il nostro "sesto senso". In realtà è possibile attivare ancora questo tipo di percezione in diversi modi. Ad esempio è facilissimo ascoltare vibrare il proprio corpo quando si va ad un concerto o in una discoteca e ci si immerge nella musica ad alto volume, ma lo si può fare anche nell'assoluto silenzio. Basta un piccolo sforzo di concentrazione, durante la meditazione, è possibile percepire il pulsare del nostro cuore e ascoltare il fluire del nostro sangue nei vasi sanguigni.

Una volta venuti alla luce, le orecchie iniziano a captare per la prima volta le vibrazioni trasportate dall'aria. Immaginate quale emozione, quale sconvolgimento può avere significato percepire per la prima volta tutti i suoni che ci circondavano. In quei momenti, ognuno di noi ha ascoltato con le orecchie il proprio cuore battere, il suono dell'aria che entra dal naso e riempie i polmoni, il rumore delle proprie palpebre che si aprono e si chiudono, il suono delle prime poppate, il rumore delle carezze che sfiorano la pelle.

Oggi tutti questi suoni, per noi, sono oramai diventati parte del silenzio. Eppure in pratica nulla è cambiato. È il nostro cervello che ha scelto di non prestare più attenzione a questo tipo di stimoli, ma loro comunque continuano ad esistere.

Se a tutta questa giungla di suoni aggiungete pure le voci delle persone che fanno le moine ai neonati, più la nostra stessa voce durante i pianti ed i versetti, potete immaginare quale caos possa essere ascoltare per la prima volta il mondo. Potete averne una vaga idea se andate a visitare qualche mercato all'aperto in un paese straniero dove non conoscete neanche una parola della lingua locale.

Gli studiosi sostengono che un neonato impiega dai 2 ai 6 mesi per riconoscere, attraverso l'udito, la voce della propria mamma. Eppure tutti siamo stati in grado di riconoscere la propria madre fin dal primo contatto, grazie alla percezione del suo battito cardiaco attraverso il nostro corpo.

Ognuno di noi ha impiegato dai 7 ai 9 mesi per riconoscere quale fosse il suono legato a noi stessi, il nostro "nome", così da risponderci e regalare le prime soddisfazioni ai nostri genitori. Ci abbiamo messo quasi un anno per iniziare ad associare alcuni suoni a determinate idee o necessità. Come potete vedere, in questa fase, la parola è ancora lontano dall'esistere.

Eppure ognuno di noi, anche chi ha problemi come i sordomuti o gli autistici, ha pianto e fatto versetti fin dalla nascita, portando la loro vibrazione interna a risuonare nel mondo.

Fino a questo momento l'orecchio era il padrone indiscusso del nostro mondo esteriore, ma pian piano ha ceduto il suo scettro agli occhi che nel frattempo si sono "attivati". Solo quando un bambino inizia ad associare un suono che ascolta ad un'idea, grazie al senso della vista, riesce a comprenderne il significato simbolico. Solo in quel momento si rende conto che anche lui è in grado di emettere lo stesso tipo di suono ed inizia ad imitare quelli che ascolta. In media ci abbiamo messo un anno per iniziare a pronunciare le prime parole, che però in quella fase della crescita, sono solo suoni e nulla di più.

Crescendo, attraverso l'imitazione e la ripetizione, ognuno di noi è riuscito a comunicare in modo sempre più complesso. Oggi ci sembra impossibile, ma ci sono voluti circa 6 anni per iniziare a sviluppare quello che noi chiamiamo linguaggio. E durante questi sei anni, piano piano, senza che ce ne rendessimo conto, lo scettro del comando è nuovamente passato di mano. Ora è la testa a possederlo.

Crescendo il nostro mondo interno è stato sopraffatto da quello delle parole. Infatti quando pensiamo, all'interno della nostra testa troviamo solo e soltanto parole: ci siamo scordati di quello che eravamo in grado di fare prima del loro avvento. Il linguaggio utilizzato per comunicare nel mondo esterno ha semplicemente sfrattato quello già esistente nel mondo interno. Come accade ad un bambino Italiano di 6-10 anni che cambia nazione, bastano pochi anni a non parlare più la propria lingua madre per scordarsela quasi interamente.

Per comprendere meglio questo concetto e quanto il linguaggio abbia invaso la nostra vita, proviamo per un momento ad immaginare di risvegliarci a bordo di un'astronave aliena. Ogni nostro tentativo di comunicazione è nullo. Loro non comprendono né il nostro linguaggio, né il nostro gesticolare. E viceversa. Ci ritroveremmo in condizioni del tutto simili a quelle presenti al momento della nascita, con lo svantaggio di avere consapevolezza del passato e di non avere più a disposizione tutti quei meccanismi evolutivi che abbiamo utilizzato per apprendere a comunicare la prima volta.

Certo con un po' di forza di volontà, in 4-12 mesi riusciremmo ad imparare a comunicare nuovamente. Rimanendo isolati dagli altri esseri umani per 3-10 anni, ci dimenticheremmo la nostra lingua madre. Ad un certo punto, persino i nostri sogni e i nostri pensieri esisterebbero solo nella nuova lingua aliena.

Un altro modo per comprendere quanto la lingua del mondo esterno ci abbia invaso, sostituendo di fatto qualcosa di primordiale, è quando non riusciamo a ricordare una parola o un nome. Abbiamo tanti modi di dire utili a spiegare questo tipo di disagio, ma all'atto pratico il nostro cervello rimante come imbambolato mentre prova a ricercarla nei suoi meandri. Non troviamo pace fino a che non ricordiamo la parola e quando la troviamo siamo felicissimi. Il cervello non conosce altro modo di identificare quello che vogliamo nominare e rimane come perso, lasciandoci pure con una brutta sensazione. Quella brutta sensazione è legata al piccolo momento di consapevolezza che ci porta ad ascoltare, anche se per un breve istante, la nostra Inborn Voice che sa perfettamente quale sia il "nome", la vibrazione, corrispondente alla parola che stiamo cercando.

Come abbiamo visto, la nostra voce esteriore viene plasmata nel corso di tanti anni. L'errore che molte persone fanno è considerare la propria voce come qualcosa di statico e di immutabile. Praticamente ogni giorno incontro qualcuno che mi racconta con rassegnazione di non amare per nulla la propria voce, come se non fosse possibile riuscire a migliorarla. Chi si accorge di non amare la propria voce è da considerarsi fortunato perché ha modo di rendersi conto dell'esistenza di una dissonanza tra la propria voce esteriore e qualcosa di più intimo e profondo, ovvero la propria Inborn Voice.

Se ci pensate un istante, è evidente che quando si esprime il proprio gusto in qualche ambito è perché si ha un qualche termine di riferimento. Posso dire che non mi piace qualcosa solo quando ho modo di fare un paragone con qualcosa d'altro, che invece so piacermi. Molte persone non sono consapevoli della loro voce e del loro modo di usarla, ma a livello inconscio sanno perfettamente se la loro voce è qualcosa che amano o odiano. In genere chi non apprezza la propria voce inconsapevolmente, tende comunque ad evidenziare questo fatto all'esterno parlando poco, a bassa voce oppure a parlare molto quando attorno ci sono rumori o musica che rendono difficile ascoltarsi. Questo tipo di atteggiamento è comprensibile, se qualcosa non ci piace, tendiamo a non usarlo, ma chiaramente non può che condurre a rinunce e ad occasioni perdute.

Ora che abbiamo forse compreso come si è evoluto il linguaggio verso il mondo esterno, possiamo iniziare a considerare l'evoluzione avvenuta nel nostro mondo interno. Comprendere questi passaggi sarà più complesso, ma è di importanza fondamentale. Come abbiamo appena visto, lo sviluppo del linguaggio appreso dall'esterno ha sostituito completamente qualche altra forma di comunicazione naturale che esisteva precedentemente al nostro interno. Oggi, quando pensiamo, lo facciamo utilizzando il linguaggio che abbiamo appreso dal mondo esterno. Certo, in qualche modo siamo sempre stati in grado di pensare, fin da piccoli, semplicemente non utilizzavamo la stessa metodologia attuale. Un bambino piccolo pur non conoscendo la parola "piace", ha comunque dei gusti e può rifiutare un determinato tipo di cibo. Sarà il genitore a pensare "non gli piace". Il bambino semplicemente esprime il suo disappunto con i mezzi che ha a disposizione, ma al suo interno è avvenuto comunque un processo di comunicazione, un ragionamento. Questa forma di pensiero interiore scaturisce direttamente dalla nostra vibrazione vitale, per questo l'ho definita Inborn Voice.

A questo punto bisogna porsi una domanda: la nostra Inborn Voice è sparita per sempre nel nulla o esiste ancora da qualche parte? Per comprendere la risposta, occorre analizzare il suo processo evolutivo.

Quando si viene concepiti, si è pura essenza. In quel momento il nostro mondo interiore è tutto quello che esiste e quello che conosciamo. La nostra coscienza è illimitata e non è legata ad organi sensoriali o all'interazione con il mondo esterno. Tutto quello che ci occorre per sopravvivere, ci viene dato senza chiedere. Questo ricordo lo porteremo avanti intatto per tutta la nostra vita terrena.

Dopo il parto, tutto inizia a cambiare. Ci si ritrova imprigionati in un corpo e in un mondo alieno, di cui non si conosce nulla e di cui occorre imparare tutto da zero. Tutta la nostra conoscenza non è in grado di esprimersi nello stato attuale del nostro corpo e pian piano, viene accantonata, dimenticata. La nostra Inborn Voice rimane comunque forte e presente. È contraddistinta da un'incredibile voglia di concretizzarsi nel mondo attraverso ogni mezzo a sua disposizione.

Pian piano si cresce, circondati da persone che ti adorano e che in fondo, ci fanno sentire un po' come una divinità. Il nostro pensiero è fluido e chiaro, libero da idee o parole strette e incomplete provenienti dall'esterno, quindi è illimitato. Quando si inizia ad usare la voce tutti sembrano felicissimi e amarci ancora di più. Dato che la nostra essenza non cerca altro che amore, indirizza tutte le proprie energie verso lo sviluppo del linguaggio. Nel farlo, mantiene intatta la sua natura e di fatto, in questa fase della crescita la vocalità esterna è perfettamente allineata con l'Inborn Voice. Non ci sono filtri o problemi al suo fluire e infatti porta con sé tutta l'emozione che scaturisce dall'interno. Non per nulla i bambini piccoli sono sempre in grado di stupire, di emozionare e di dare luce alla verità delle cose. Non sono ancora in grado di mentire e sono genuini.

In genere è in questa fase della crescita che avviene il primo errore. Indotti dal comportamento dei genitori e dal loro amore, si imbocca la prima di tante strade che ci allontaneranno progressivamente dalla nostra capacità superiore di comunicare. L'idea di imboccare la strada sbagliata è qualcosa di molto azzeccato in quanto è un errore che si compie in buona fede. È interessante notare come anche questa idea sia presente da sempre in tutte le culture antiche e nei corrispettivi testi sacri, anche se descritta in modo diverso. Vi sorprenderà conoscere che la parola *peccato*, usata in tante religioni, originariamente era un termine proprio legato all'idea di avere sbagliato strada o bersaglio. Questo primo errore, se vogliamo il peccato originale, si trasmette di generazione in generazione, proprio attraverso la crescita e lo svezzamento dei propri figli.

Qual è questo primo errore e quando è esattamente che si inizia a creare la separazione tra la propria Inborn Voice e la propria voce esterna? Quando si inizia ad imparare a mentire.

Mentire è una parola dal significato interessante perché vuole esprimere il concetto di qualcosa di non reale, inventato dalla mente.

Infatti quando si inizia a mentire, per scherzo o per presunta necessità, si imbocca una strada che porta diritto diritto a diventare dei bugiardi cronici. Nel libro uso il termine bugia nel suo senso stretto, non vi includo nessun elemento di giudizio o di religiosità a riguardo, semplicemente indico il momento in cui qualcuno mette in atto un'energia che si oppone alla propria Inborn Voice.

Mentire in primo luogo significa cedere lo scettro della propria vita alla mente, dandole il potere di creare energie e vibrazioni che non trovano riscontro nell'assoluta verità del mondo interno e neanche nella nostra percezione del mondo esterno. Infatti l'unica verità che possiamo conoscere come tale nella nostra condizione di esseri umani è quella proveniente da dentro di noi, tutto il resto è frutto di una deduzione sensoriale, quindi una complicata e affascinante forma di illusione.

Per il momento, limitiamoci a considerare la "bugia" in termini di vibrazioni e di risonanze. Vediamo di comprendere meglio cosa è una bugia. Una bugia è quando si considera, si parla o si agisce per qualcosa che stona fortemente con la nostra Inborn Voice o quando si sceglie volontariamente di non ascoltarla. In pratica ogni qual volta si nega la verità che abbiamo al nostro interno, diamo vita ad una nuova vibrazione capace di creare qualcosa in questo mondo.

Quello che si porta a creazione è una personalità alternativa capace di scindere la nostra essenza in più parti. L'essenza conosce la verità, la personalità conosce la bugia. La nostra essenza non è in grado di mentire, mentre la mente che controlla la voce non ha nessun problema a farlo.

Ovviamente non tutte le bugie sono in grado di scindere la nostra essenza, solo quelle che scegliamo di portare avanti con noi indefinitamente, un giorno dopo l'altro, costruendo su di essa una nostra nuova identità. Più bugie di questo tipo si mettono in atto e più personalità si possono sviluppare. Se ci pensiamo bene, questo tipo di menzogne sono quelle che facciamo innanzitutto a noi stessi. Mentiamo a noi stessi talmente bene che prima o poi, ci convinciamo che il prodotto della nostra invenzione corrisponda alla realtà e non siamo più neanche consapevoli di stare solo recitando una parte. Ognuno di noi ha iniziato a mentire nel tentativo di nascondere agli altri la propria essenza, facendo finta di essere qualcosa d'altro, magari per paura di non essere adatti a dare il proprio amore. Nessuno, all'inizio, lo fa per ricevere amore. Il problema è che l'evoluzione della personalità a discapito dell'essenza porta anche a stravolgere il significato dell'amore. Un neonato è sempre portato a dare amore agli altri, una carezza, un bacino dati istintivamente. Chi ha sviluppato una personalità tende sempre a voler ricevere amore, anche quando in realtà è convinto di donarlo agli altri. Quando un neonato ama, si dona e si affida completamente alla persona amata. Crescendo circondato da "bugiardi", probabilmente imparerà che è meglio ricevere amore piuttosto che darlo. Una volta adulto, per lui amare significherà volere un'altra persona tutta per sé, non si donerà e non si affiderà neanche per un istante all'altra parte.

Ci tengo a puntualizzare nuovamente che nella mia visione il mentire è del tutto privo di elementi di giudizio. Non bisogna considerare tutti gli esseri umani e tutte le loro essenze allo stesso modo. Ci sarà chi è venuto a questo mondo per creare e chi per distruggere, chi per evolversi, chi per involversi. Ad esempio può esistere un'essenza, destinata a portare a creazione cose ritenute cattive dalla società, che si costringe a vivere una vita di sofferenza solo per mostrarsi all'apparenza buona e gentile. Può esistere l'altra faccia della medaglia, ovvero qualche anima nata per essere buona e gentile che vive una vita d'inferno perché si è costretta a comportarsi in modo sconsiderato. Chi pensa che tutti dobbiamo essere buoni e bravi vive in un mondo di fantasia, di menzogna, ed è capace di vedere solo metà delle vibrazioni esistenti. Se esiste la luce, deve esistere per forza anche il buio, altrimenti nessuno di noi sarebbe in grado di conoscere ed apprezzare la differenza tra i due. Mentendo a noi stessi ogni giorno, dedichiamo molte delle nostre energie vitali a sostenere e a nutrire le personalità, facendole crescere e sviluppare a discapito della propria essenza che viene trascurata, come dimenticata in un ripostiglio, ben protetta, solitamente per paura che possa renderci consapevoli della verità. Le personalità maturano e prendono il sopravvento, mentre l'essenza rimane allo stato infantile.

Crescendo ognuno di noi ha dimenticato di avere ascoltato con meraviglia il pulsare del proprio cuore e di avere persino assaporato il rumore dell'aria riempire i propri polmoni. Ci si dimentica, come avvolti da un sonno profondo, di avere al proprio interno una vibrazione vitale e ci si convince sempre di più di essere qualcosa di diverso. Il bello è che siamo stati noi a mentire a noi stessi!

Quando parlo di essenza e di personalità non sto inventando nulla di nuovo. La psicologia è un'arte che studia proprio questi aspetti dell'evoluzione umana, anche se da altri punti di vista, con diverse aspettative e ben altri obiettivi. Gran parte dei problemi che tratta la psicologia sono chiamati, non a caso, disturbi della personalità.

Poc'anzi ho definito la psicologia un'arte, anche se è classificata come scienza, in quanto ritengo che sia una professione che richiede le stesse doti di sensibilità e di attenzione tipiche delle forme d'arte.

Ho collaborato e continuo a collaborare con diversi dottorati di ricerca proprio su questi argomenti, grazie alla mia particolare sensibilità di individuare le vibrazioni presenti nella voce umana. Una di queste ricerche era partita con l'intento di studiare il rapporto tra le diverse sostanze stupefacenti e le alterazioni della personalità. Lo studio ha dimostrato che alcune sostanze psicotrope rafforzano le personalità, mentre altre le indeboliscono. I ricercatori sono rimasti sorpresi dallo scoprire che, zittite le personalità, quello che rimane, appare essere un bambino dell'età di 2-4 anni molto spaventato e del tutto inadatto alle relazioni sociali. Io invece sono stata molto felice di incontrare di persona, nel mondo esteriore, quello che chiamo Inborn Voice.

La parte divertente di questo studio e di tutta la psicologia moderna è che individua la presenza di disturbi della personalità quando una persona presenta una sola personalità dominante, del tutto inflessibile, e non è in grado di cambiarla con un'altra a seconda degli eventi circostanti. Per la scienza, perché un individuo sia sano, deve avere più personalità da opporre ai diversi momenti della vita. In realtà un individuo sano non ha bisogno di personalità, ha solo bisogno di liberare la propria Inborn Voice per poi farla crescere e sviluppare. Appare evidente che nella nostra società, l'evoluzione della propria Inborn Voice è qualcosa che non viene per nulla considerato e, di fatto, è estremamente raro trovare individui che sono stati in grado di farlo, anche se in piccola parte. Ognuno di noi è potenzialmente portatore "sano" di una profonda dissonanza tra la propria vibrazione vitale e la propria voce. Infatti, per fenomeni di risonanza, la voce umana si sintonizza sulle proprie personalità. Questo è il principale motivo per cui molte persone che incontro sostengono di avere una "brutta" voce o addirittura di odiarla proprio. In qualche modo, queste persone sono fortunate. Non perché io posso aiutarle ad amare nuovamente la loro voce, ma perché sono consapevoli di qualche dissonanza interna e cercano di darvi pace. Purtroppo non tutti sono così fortunati. Anzi alcuni si dimenticano persino di avere questa avversione per la propria voce, cosa che poi trasmettono inconsciamente anche ai figli.

Giunti a questo punto voglio precisare che l'Inborn Voice è qualcosa di tangibile, capace di comunicare e parlare. Ognuno di noi è sicuramente in grado di ascoltarla nuovamente all'interno del frastuono che popola il mondo interiore, basta volerlo. Riuscire ad ascoltare quella degli altri è molto più complesso. In qualche modo che non mi è dato spiegare, sono in grado di farlo. Questo dono mi è stato dato e può comprenderlo solo chi ne ha uno similare. Quello che mi è possibile fare è insegnare a chi vuole apprendere il mio metodo come riconoscere quando l'Inborn Voice traspare all'interno della voce quotidiana. Basta imparare a non ascoltare le parole.

Per una persona comune è difficile percepire l'Inborn Voice, non per mancanza di buona volontà o di intelligenza, ma perché è qualcosa che ha dimenticato e ha scelto di non ascoltare. Posso provare a farvi cogliere, magari solo per un istante, questa idea attraverso alcuni esempi.

Mentre state leggendo questa frase, cosa succede nel vostro mondo interiore? State facendo pronunciare le parole che leggete dentro di voi da una voce senza tono e senza colore. State creando al vostro interno una vibrazione esattamente come lo fareste nel mondo esteriore. Questa voce interiore, non è l'Inborn Voice, ma la voce di una delle vostre personalità. Bisogna fare qualche piccolo sforzo per individuare a quale appartenga. Dato che le voci che normalmente ascoltiamo nel nostro mondo interiore appartengono alle molteplici personalità che abbiamo creato, e dato che sono senza tono e senza colore, è difficile comprendere quante siano. Ogni personalità ne ha una.

Probabilmente quella che sta leggendo ora queste righe è la vostra personalità più curiosa o quella interessata all'uso della voce. Qualche fortunato starà facendo leggere alla propria Inborn Voice. C'è un modo semplice per riconoscerla all'interno del mondo interiore: è l'unica che ha un tono e un colore.

Un altro modo per riconoscerla è individuare le emozioni. L'Inborn Voice è l'unica che riesce a farvi emozionare, è quella che vi fa sorridere, piangere, anche mentre leggete un libro e pensate di avere finalmente scorto la via della voce. Infatti l'Inborn Voice è l'unica in grado di portare le emozioni verso l'interno.

Il motivo per cui molte persone, quando sono emozionate, non sanno trovare le parole o la ragione per cui stanno sorridendo o piangendo, è perché non sono in grado di comprendere il linguaggio della propria Inborn Voice. La comunicazione è avvenuta su un piano diverso da quello normale: ci si ritrova a piangere e non si sa il perché. Semplicemente è avvenuta una risonanza con qualcosa, con un ricordo dimenticato e molto prezioso per la nostra Inborn Voice.

Il motivo per cui sempre più persone sembrano diventare insensibili è lo stesso: hanno chiuso davvero in profondità la loro Inborn Voice e neanche le emozioni riescono più a raggiungerla.

In realtà, *emozione* vuol dire portare fuori quello che si ha dentro. In realtà è possibile trasportare un'emozione verso l'esterno anche utilizzando come filtro una delle personalità che abbiamo sviluppato. L'unica traccia dell'esistenza della propria Inborn Voice è quando si sta in silenzio e si trasporta un'emozione verso l'interno.

Un altro modo per comprendere l'esistenza della Inborn Voice può essere quello di ricordare l'ultima volta che vi siete ripromessi qualcosa. Ad esempio una dieta. Quante volte giuriamo a noi stessi di iniziare una dieta? Lo facciamo davvero e una delle nostre personalità è perfettamente consapevole di questa promessa. Peccato che non sia la stessa personalità che esce a cena con gli amici, quella che va a fare la spesa, quella che cucina o quella che si siede a mangiare. A volte mentre si mangia, la personalità che ha deciso di fare la dieta fa capolino, e in quell'istante ci rendiamo conto di stare facendo qualcosa di contrario a una nostra volontà. Eppure neanche in quel momento siamo in grado di smettere di mangiare.

Le diverse personalità sono in lotta tra loro, come se il nostro corpo fosse una sorta di macchina gestita da diversi pilota automatico. Questi piccoli momenti di lucidità, sono il sintomo che al vostro interno è racchiusa qualcosa capace di osservare, che comprende e che, per qualche motivo, non agisce: l'Inborn Voice.

Una volta compresa la relazione tra Inborn Voice, voce esteriore e realtà, sarà più semplice capire come mai nel mio lavoro quotidiano riesco ad ottenere incredibili successi proprio dove tanti altri non riescono. Tanto per fare comprendere quanto il mio approccio sia diverso da quello usuale, quando aiuto dei bambini con problemi legati alla comunicazione, ad esempio l'autismo, io lavoro sulla comunicazione e sulla vocalità dei loro genitori. Nella mia esperienza chi è affetto da autismo riesce a comunicare molto meglio a livello dell'Inborn Voice. Aiutando i genitori a sviluppare la loro, saranno poi in grado di aiutare i figli.

Volendo fare un paragone, la vibrazione prodotta dalla voce normale di una persona è simile a quella di uno strumento musicale. Volendola analizzare dal punto di vista scientifico sarebbe possibile descriverla perfettamente e interamente. Nulla andrebbe disperso. Invece chi utilizza la propria voce in perfetto allineamento con la propria Inborn Voice riesce a creare delle vibrazioni all'interno di materia non "convenzionale" ed è in grado di produrre effetti in piani che vanno oltre a quelli misurabili dalla scienza. Il modo che mi piace utilizzare per descrivere questo fenomeno è come se una semplice nota musicale racchiudesse al suo interno un'intera "ottava".

6

UNA, NESSUNA O CENTOMILA?

*Le parole rimpiangono il tempo di
quando erano pura vibrazione*

Finora abbiamo compiuto un viaggio che ci
ha accompagnato tra i diversi stati evolutivi
dell'energia, partendo da quella più pura fino
ad arrivare a quella che ci contraddistingue e ci rende
unici, ovvero la nostra Inborn Voice. Abbiamo anche
considerato la voce che usiamo per parlare e cantare
ogni giorno, quindi non rimane che vedere dove si
colloca il nostro modo principale di usare la voce, la
parola, in questo scenario.

È fondamentale comprendere che la voce e la parola sono due cose nettamente distinte. Infatti la voce esiste indipendentemente dalle parole e non necessita di parole per comunicare (ad esempio un urlo). La cosa è reciproca perché le parole esistono indipendentemente dalla voce e non hanno bisogno della voce per comunicare (ad esempio quelle scritte in questa pagina). La nostra voce umana può esprimere la stessa idea utilizzando diverse parole di una stessa lingua oppure può addirittura scegliere di utilizzarne una diversa, ad esempio il dialetto, l'inglese o persino una lingua morta come il latino.

L'Inborn Voice, come avrete già intuito, non utilizza affatto le parole, creazione di questo mondo, ma comunica attraverso un linguaggio superiore e perfetto, fatto di sole vibrazioni. Non è qualcosa che si può descrivere utilizzando una lingua o un linguaggio tecnico, ad esempio la musica. È come ascoltare una melodia meravigliosa in cui ogni nota racchiude al suo interno un'intera "ottava" e un'intera melodia.

Il motivo per cui l'Inborn Voice non conosce e non si esprime utilizzando le parole lo abbiamo già visto nel capitolo precedente: non è in grado di mentire e tutto quello che esprime è una verità universale. Una parola, anche scelta con gran cura e dovizia, non sarà mai un contenitore abbastanza grande da riuscire a descrivere nella sua interezza una verità, ma solo una sua rappresentazione parziale, legata ad un istante ben preciso.

Il tempo è un'altra caratteristica che differenzia le due voci. L'Inborn Voice non è in grado di fare riferimento al passato al futuro, dato che esiste in una dimensione in cui il tempo, così come lo conosciamo noi, non esiste. Se ci pensiamo un momento, ci appare anche chiaro che ogni volta che parliamo di eventi passati o futuri, la nostra memoria o la nostra fantasia ci portano a riempire spazi mancanti o ad inventare cose che non corrispondono affatto alla realtà.

La comprensione di questo passaggio è fondamentale perché ci permette di comprendere il meccanismo per cui molte discipline di crescita personale, antiche o moderne, riescano a mostrare a chi le avvicina in un momento di risveglio spirituale, un affascinante velo di verità capace di cullare le persone in una nuova illusione che pian piano le riporta al tranquillo sonno ristoratore precedente.

Praticamente tutte queste discipline sono arrivate a noi in qualche modo avventuroso ed incompleto proprio perché chi le ha trasmesse, o chi le ha recepite, ha utilizzato una forma di comunicazione inadatta, ovvero la parola o la scrittura. La conoscenza pura è qualcosa che ognuno di noi possiede nelle proprie profondità. Può venire raggiunta, ci si può attingere, ma non è qualcosa che è possibile controllare con l'intelletto o con la parola.

Quando si entra in contatto con una parte della verità che conosciamo da sempre, rimaniamo affascinati e intrappolati come nella rete di un ragno. Solo l'Inborn

Voice può trasmettere integro questo tipo di conoscenza, tra due individui che sanno comunicare su questo piano, oppure tra due individui che riescono a comunicare senza farsi confondere dalle altre vibrazioni. Se ci si ostina ad usare le parole e a considerarle per quello che sono, non si può fare altro che "mentire" a se stessi, spendendo le proprie energie nella direzione sbagliata. Così facendo le nostre energie vengono indirizzate a creare qualcosa, ma non quello che pensiamo. Si crea soltanto una complessa illusione che qualcosa stia davvero accadendo nella realtà.

Quando ci si avvicina a questo tipo di discipline si rischia solo di sviluppare una nuova personalità capace di coprire il trillo della nostra essenza che era riuscita miracolosamente a farsi sentire, riportandoci per un breve istante alla consapevolezza interiore. Come ho spiegato, le personalità consumano praticamente tutta l'energia vitale che possediamo. Alcune delle personalità create nell'illusione di avere trovato qualcosa di superiore sono talmente avide di energia che costringono chi le sviluppa a cercare di nutrirle assorbendo l'energia vitale delle persone che incontrano ogni giorno. Infatti non è raro incontrare gruppi omogenei di persone che condividono queste personalità, convinte di sostenersi a vicenda. In realtà stanno semplicemente nutrendo le personalità dominanti di quello che potrebbe definirsi un "vampiro energetico".

Torniamo a vedere come la parola e il linguaggio, siano qualcosa di utile e necessario. L'illusione principe dell'essere umano è che il linguaggio sia qualcosa in grado di trasmettere informazioni tra individui in modo chiaro e comprensibile. Il termine *trasmettere* non l'ho scelto a caso. Infatti è un termine che è stato associato alle trasmissioni legate alle onde elettromagnetiche, come la radio, la televisione, il telefono e quant'altro. Trasmettere una vibrazione è possibile, così come è possibile riceverla altrove, intatta.

Anche il termine *individuo* non l'ho scelto a caso. Infatti la parola individuo indica l'idea di qualcosa che non si può dividere senza perderne l'essenza, infatti ogni essere umano è caratterizzato da diverse personalità che è impossibile scindere così facilmente. Come abbiamo visto in precedenza, la personalità è qualcosa che ognuno di noi crea sulla base di uno o più stimoli, per tenere nascosta la propria essenza dal mondo esterno.

Quando la propria essenza vuole comunicare verso il mondo esterno, o quando noi vogliamo entrare in contatto con essa, occorre rimpossessarsi della voce e del linguaggio che è nato con noi: la vibrazione. È fondamentale comprendere che una vibrazione non può e non deve venire filtrata o creata da una personalità, altrimenti è come parlare in italiano con un giapponese, dove persino i cenni fatti con la testa hanno significati diversi.

Proverò a farvi intuire queste mie parole facendo un parallelo nel mondo della musica e della discografica che conosco abbastanza bene. Immagino che ognuno abbia avuto un'esperienza, anche se minima, legata all'ascolto di un brano musicale o della voce di un cantante da una registrazione.

Immaginiamo di trovarci da soli, in una stanza enorme e totalmente buia, in compagnia di un violinista che suona per noi. Le onde sonore prodotte dallo strumento musicale arrivano al nostro orecchio praticamente intatte. Questo è un tipo di comunicazione composta solamente da vibrazioni.

Se vogliamo registrare il violinista occorre utilizzare innanzitutto un microfono. Ogni microfono è stato costruito con determinate caratteristiche tecniche che gli consentono di trasformare l'onda sonora in un segnale elettrico. Cambiando tipo di microfono, cambierebbe inesorabilmente anche il segnale elettrico prodotto.

Il segnale elettrico proveniente dal microfono viene inviato ad un amplificatore capace di trasformarlo nuovamente, rendendolo elettricamente più intenso. Ogni amplificatore, al pari del microfono, è stato costruito con determinate caratteristiche tecniche, quindi cambiando tipo di amplificatore, cambierebbe inesorabilmente anche il segnale amplificato. Il risultato proveniente dall'amplificatore viene a sua volta inserito in un mixer, che lo equalizza in base alle caratteristiche tecniche con cui è stato costruito e in base alle impostazioni scelte dal gusto e dall'esperienza della persona che lo utilizza. In questo caso cambiando il mixer o le sue impostazioni, il risultato non potrà che essere radicalmente diverso.

Ora arriva l'ultimo passaggio in cui il segnale in uscita dal mixer viene finalmente inciso su qualche tipo di supporto adatto. Anche stavolta, a seconda del tipo di tecnologia e a seconda del tipo di supporto, il risultato cambierà enormemente.

Con tutta questa sequenza di operazioni, complicata e tecnologica, siamo arrivati solo a metà del processo di comunicazione, in quanto abbiamo solo preparato una delle infinite registrazioni che avremmo potuto realizzare cambiando una qualunque delle variabili presenti nel processo tecnico. Perché il processo di comunicazione sia completo, occorre che ci sia qualcuno ad ascoltare la registrazione.

Per ascoltare la registrazione si dovrà seguire il procedimento inverso. Le informazioni presenti nella registrazione, che come avete avuto già modo di intuire sono già radicalmente diverse da quanto suonato dal violinista, verranno nuovamente alterate da un processo di amplificazione, di missaggio e di riproduzione da parte degli altoparlanti, creando un'onda sonora, una vibrazione, anche questa strettamente dipendente dall'impianto di riproduzione e dalle impostazioni di chi lo utilizza.

Il suono risultante non ha più nulla a che vedere con quello emesso dal violino, non gli assomiglia neanche, anche se alle orecchie di una persona comune potrebbe sembrare perfettamente identico all'originale. Non sono solo io a dirlo. Lo dice anche la scienza, ma esistono molte persone in grado di accorgersi della differenza.

Basta farlo ascoltare ad un violinista, o ad altre orecchie addestrate, perché riconosca immediatamente che si tratta di una registrazione. Gli appassionati di alta fedeltà sono addirittura in grado di riconoscere quale amplificatore o quali casse sono state utilizzate per generare il suono, dimostrazione che la vibrazione originale è stata stravolta dal processo di comunicazione in una modalità comunque riconoscibile.

Finora abbiamo ipotizzato una forma di registrazione "antica", ovvero basata esclusivamente su vibrazioni. Dopo gli anni 90, tutto il mondo musicale è stato sconvolto dall'introduzione del digitale. Questo avvento lo possiamo paragonare come la creazione di un linguaggio. Rendere digitale, nel campo della musica, significa essenzialmente che si prende un'onda musicale, la si analizza in determinati e precisi momenti del tempo e la si converte in un numero in base a scelte di opportunità e regole prestabilite. Queste scelte disperdono in realtà in 99,9% delle informazioni presenti nella registrazione originale. Gli appassionati di alta fedeltà e i musicisti sono in grado di riconoscere anche se la registrazione del violino è avvenuta su un mezzo analogico, basato su vibrazioni, o digitale, basato su un linguaggio numerico. Non c'è bisogno che vi suggerisca il fatto che la musica digitale è considerata un abominio da molti appassionati.

Come è facile intuire, esiste una profonda spaccatura tra l'identità dell'onda sonora originale e quella finale. Un linguaggio può essere in grado di trasmettere intatte solo delle informazioni oggettive, provenienti dal mondo esteriore e non quelle soggettive, ovvero provenienti dal mondo interiore.

A mia conoscenza, l'unico linguaggio attualmente esistente in grado di trasmettere intatta un'informazione tra due o più individui, senza che questa venga distorta in qualche modo è la matematica, che si basa sull'osservazione di fatti oggettivi non interpretabili. Una volta appreso una minima parte del linguaggio matematico, chiunque è in grado di comprendere cosa sia una formula matematica o una forma geometrica. Ad esempio non vi è dubbio su cosa significhi "1+1=" o su come si faccia a riconoscere un triangolo da un rettangolo.

Persino la musica, forma d'arte che scaturisce direttamente dal nostro mondo interno, è un linguaggio soggettivo. Infatti, sullo spartito vengono scritte solo le note, le pause, le intenzioni, ma ogni artista ci mette del suo quando suona o canta un brano musicale.

Il problema dell'impossibilità pratica di comunicazione tra due individui è noto da sempre, tanto è vero che anche questo argomento è stato trattato all'interno dei testi antichi. Ne è un esempio il racconto della torre di Babele, in cui l'introduzione del linguaggio ha portato gli uomini a non comprendersi più tra loro.

Non bisogna dare credito a chi propone come soluzione la creazione di un nuovo linguaggio, perché nulla cambierebbe. Le parole che utilizziamo tutti i giorni possono essere utili solo quando si prova a comunicare qualcosa di oggettivo e chiaramente percepibile attraverso i nostri sensi.

Purtroppo è impossibile descrivere qualcosa di soggettivo in termini oggettivi, ad esempio utilizzando un linguaggio matematico, in quanto la risultante formula matematica conterrebbe qualcosa basato su un'incognita impossibile da determinare: il soggetto che cerca di esprimere l'idea.

La scissione tra la propria Inborn Voice e la voce di tutti i giorni è iniziata proprio con l'apprendimento del linguaggio. Inconsciamente abbiamo tutti pensato che fosse un metodo di comunicazione certa e tutte le decisioni che abbiamo preso in seguito, compresa la creazione delle nostre diverse personalità, è conseguenza diretta delle parole. Il linguaggio, una volta entrato in noi, diventa pieno di supposizioni errate, di parole utilizzate a sproposito e di classificazioni inesistenti. Dato che il nostro pensiero da adulti struttura tutto in base al linguaggio appreso all'esterno, ne deriva che anche il nostro pensiero soffre degli stessi problemi. Quanti significati può avere una singola parola? Uno, nessuno o centomila? Ogni parola può avere tanti significati quante sono le persone che la ascoltano o la leggono, a cui va aggiunto quello di chi l'ha utilizzata. Il nostro linguaggio è qualcosa di estremamente soggettivo e pochissime persone sono consapevoli di utilizzare la stessa identica parola per esprimere cose che in realtà sono ben diverse tra loro. Prima ci si rende conto che la comunicazione verbale è inesatta, o se vogliamo utilizzare una mia terminologia, una "bugia", prima ci si può incamminare sulla via della voce ed iniziare a comprendere noi stessi e tutti i nostri cari.

Anche in questo momento, mentre leggete queste libro, state pensando di comprendere il messaggio che ho voluto trasmettervi. Eppure non è così. La comprensione di quello che sto provando a mettere su carta va ben oltre le capacità dell'essere umano, figuriamoci quelle del linguaggio scritto.

Come abbiamo già visto, quotidianamente utilizziamo termini che sottintendono l'idea dell'esistenza di una comunicazione basata su vibrazioni. Uno di questi affascinanti esempi è l'espressione "trovarsi d'accordo". Quante volte ci è capitato di trovarci in disaccordo con qualcuno, a spendere ore del nostro tempo per cercare di fargli comprendere il nostro punto di vista, per poi scoprire che in realtà stavamo parlando della stessa cosa entrambi? Oppure quante volte abbiamo lasciato una persona convinti di avere trovato un accordo perfetto per poi scoprire che in realtà ognuno aveva inteso qualcosa di diverso?

Proviamo a comprendere questo punto attraverso alcuni esempi. Ognuno di noi utilizza parole che all'apparenza sono identiche, ma che nella realtà non lo sono.

Prendiamo ad esempio la parola mamma e vediamo quanti differenti significati possiamo trovare per questa parola onnipresente. La parola mamma, per ognuno di noi ha un significato diverso. Molti di noi identificheranno questa parola con la persona di sesso femminile che li ha dati alla luce, gli orfani con quella che li ha cresciuti. Già qui nasce una profonda spaccatura sul significato che diamo alla prima parola che pronunciamo. In tenera età molti di noi sono portati a pensare che tutte le mamme siano uguali, poi crescendo si inizia a comprendere che esistono differenze, anche sostanziali tra il modo di essere mamma delle varie donne. Alcune persone identificano la parola mamma con chi li guida spiritualmente, che sia una guru indiana, la Vergine Maria o qualche altra figura importante. Altre persone identificano la parola mamma non con una persona, ma con qualcosa di diverso, ad esempio con il piatto preferito cucinato da lei, con una fotografia posta di fianco al letto, con una storia raccontata ai propri figli.

All'interno di ognuno di noi ci sono centomila significati per la parola mamma, a seconda del contesto in cui viene utilizzata o all'idea che abbiamo nel nostro cuore in un determinato momento. Certo è possibile essere più specifici aggiungendo molte altre parole accanto alla parola mamma, ma la maggiore precisione è solo un'illusione in quanto ogni parola aggiunta alla frase non fa che amplificare enormemente l'imprecisione di ogni idea in quanto non si può conoscere, e neanche immaginare, cosa può trovarsi nell'esperienza di chi riceve il messaggio.

Prendiamo ora la parola macchina. Probabilmente ognuno di noi possiede una macchina. Quando la citiamo in una frase, stiamo parlando tutti di una macchina diversa. Eppure la parola è la stessa. Per di più ci sarà chi utilizza la parola macchina per indicare qualcosa che non è neanche un autoveicolo, magari un tagliaerba, una slot macchine o un tornio. Come vedete, una parola, milioni di significati.

Un altro modo per intuire quanto la nostra lingua sia inadatta ad esprimere qualcosa di soggettivo può essere quello di considerare parole che nel nostro vivere quotidiano hanno poca importanza per noi. Prendiamo ad esempio la parola neve o ghiaccio. Quasi tutte le lingue più diffuse utilizzano solo queste due parole per definire questi stati dell'acqua. Io ho viaggiato molto e ho scoperto che le popolazioni delle regioni più fredde, dato che la loro sopravvivenza era legata al comprendere perfettamente quale tipo di neve o di ghiaccio andavano ad incontrare, hanno sviluppato parole più specifiche. Ad esempio c'è chi utilizza cinque parole per definire la neve e sette per definire il ghiaccio. Esistono persino lingue che non hanno parole per definire la neve o il ghiaccio perché nella loro vita non ne hanno mai visto l'esistenza.

Lo stesso discorso vale per i colori. Alcune popolazioni primitive che ho avuto il piacere di incontrare, all'interno della loro lingua non hanno neanche parole per differenziare i colori. Utilizzano solo termini che potremmo fare corrispondere a chiaro o scuro. In genere, il primo colore che appare nel linguaggio come parola a sé stante è il rosso, il colore del sangue.

Quando una persona appartenente alla nostra società

deve indicare il colore di un pulcino appena nato, cosa può fare? Può limitarsi a dire che il pulcino è giallo. Può specificare che è giallo pulcino, giallo canarino o giallo limone, ma non ha modo di sapere se l'altra persona ha mai visto un pulcino dal vivo, così come un canarino o un limone. Questa incertezza avviene anche se l'altra persona ha visto lo stesso nostro pulcino, ma in un momento diverso. Perché si sia perfettamente d'accordo sul colore, occorrerebbe vedere lo stesso pulcino, nello stesso istante e dallo stesso punto di vista. Questo potrebbe ancora non bastare perché non ci è dato sapere se l'altra parte ha un qualche difetto visivo, ad esempio il daltonismo.

Portando all'estremo questo pensiero non c'è nessun modo possibile per sapere con certezza se ognuno di noi percepisce lo stesso colore allo stesso modo. Se due persone osservano uno stesso colore in uno stesso momento, chiaramente sono in grado di identificare il colore nel mondo esterno, però niente e nessuno potrà mai garantirci che il colore che osservano nel loro mondo interno sia identico a quello dell'altro. Se una persona potesse dare una sbirciatina direttamente all'interno del mondo soggettivo di un'altra persona si accorgerebbe di non trovare nulla di quello che ritiene di conoscere, tutto apparirebbe nuovo e incomprensibile.

Un modo intuitivo per comprendere quanto il linguaggio composto da parole sia radicato nel nostro essere è di provare a ricordare una canzone. Pochissime persone sono in grado di scindere le parole di una canzone dalla sua musica e trattarle come due cose separate. Molte volte quando si cerca di ricordare una canzone si pensa alle sue parole. A volte le parole ritornano alla mente senza la musica, lasciandoci quella sensazione di avere il ritornello sulla punta della lingua e fino a che non lo si ricorda esattamente si rimane "fuori dal tempo". Altre volte si ascoltano delle note musicali e si ha come un dejà vu. Si inizia a cercare nella mente, di nuovo parole, per identificare dove si era già sentito, magari ipotizzando un plagio.

Ad esempio se vi chiedessi di ricordare il solo motivetto musicale, le note e non le parole, della canzone "Fra' Martino, campanaro, dormi tu?", sareste capaci? Oppure nella vostra mente le note musicali sono sempre legate a doppio filo a delle parole?

Se le parole non sono contenitori adatti a trasmettere idee soggettive tra individui, sono comunque adatte ad intuire alcuni aspetti della personalità che le sta utilizzando e quindi dell'essenza che sta nascosta nell'ombra. In molti casi, ma non sempre, c'è una profonda relazione tra l'identità di un individuo e alcune delle parole che sceglie di utilizzare o che sceglie di osteggiare con grande energia.

Molte volte, soprattutto nel campo artistico o lavorativo, le persone scelgono di utilizzare un nome d'arte, un soprannome o un titolo come mezzo di identificazione. Alcune volte questo soprannome non viene utilizzato verbalmente, ma solo in forma scritta, ad esempio per creare un indirizzo email o qualche altro tipo di identificazione tecnologica. Dato che il caso non esiste, poco importa risalire all'origine di tale nome, l'importante è comprendere se in qualche modo una parte di noi si riconosce in quel soprannome.

In genere il soprannome scelto, quasi per magia, riflette in pieno quello che la nostra essenza ritiene essere il suo difetto principale, quello che vuole tenere nascosto e per cui ha costruito la personalità che oggi è dominante. In America i soprannomi sono all'ordine del giorno, al punto tale che lo utilizzano persino nei biglietti da visita. In origine il compito della personalità era solo quello di tenere nascosto un qualche aspetto della nostra essenza, ma dato che tenere in vita una personalità richiede l'impiego di molte delle nostre energie disponibili, questa scelta non potrà fare altro che mettere in moto delle vibrazioni, che pian piano faranno avverare proprio quello che si voleva evitare. Se l'essenza decidesse di investire altrimenti le stesse energie che dedica a nutrire le personalità, potrebbe tranquillamente cambiare il proprio destino garantendosi un'evoluzione.

Le parole che sembrano mancare al dizionario personale sono altrettanto interessanti. In questo caso è più semplice riconoscere la mancanza di qualche parola nel lessico delle altre persone ed è più complesso rendersi conto delle proprie mancanze. A tutti capita di sentirsi dire o di ripetere più volte frasi del tipo "non ho sentito dire per piacere", "non sei capace di chiedere scusa", "non mi dici mai ti amo", "non mi ascolti". Sembra proprio che alcune persone siano resistenti a pronunciare determinate parole, soprattutto quando glielo si chiede esplicitamente. In qualche modo queste parole sono collegate direttamente con qualche emozione profonda, parte della propria essenza, e anche il solo utilizzarle infastidisce la personalità dominante. Non è che quella persona non sia in grado di utilizzare determinate parole, infatti in altri momenti, magari più intimi o più sociali, in cui diventa temporaneamente dominante un'altra personalità, è in grado di utilizzarle correntemente, tra l'altro facendo indispettire chi le ha tanto aspettate.

Infine ci sono persone che si alterano in modo davvero eccessivo, quasi che ne vada della propria esistenza, quando vengono messe di fronte a determinate parole. Sembrano quasi esplodere e volere a tutti costi convincere gli altri del fatto che l'idea rappresentata da quella determinata parola sia il male assoluto. Più spendono energie e si infervoriscono per lottare contro quella parola o quello che rappresenta per loro, e più diventano irriconoscibili.

Ognuno di noi avrà avuto modo di conoscere chi si scalda immediatamente se si affronta qualche argomento o un'idea che spesso possono venire riassunti da una sola e semplice parola. Nel mio lavoro ho incontrato persone che si scagliano contro chi vanta titoli di studio, persone che dimostrano un odio profondo per chi ha un diverso tipo di sessualità e persone che hanno un bruttissimo rapporto con il danaro. E molti di loro non hanno nessun motivo apparente per scaldarsi tanto, se non quello di voler nascondere ancora più a fondo parte della propria essenza.

Finora ho fatto alcuni esempi con delle parole singole, ma esiste anche quello che chiamo *linguaggio serra*. L'idea della serra è quella di una struttura chiusa, dedicata alla coltivazione o al riparo di specie vegetali bisognose di protezione dalle intemperie. Il linguaggio serra ripropone lo stesso concetto: una persona dotata di una personalità talmente avida di energie inizia a raccogliere adepti per assorbire parte della loro energia. Al fine di proteggere il suo orticello di donatori, sviluppa un linguaggio che tutti i membri adottano inconsciamente e ogni volta che utilizzano quelle parole rilasciano volontariamente le loro energie alla serra e quindi al suo gestore. Questo tipo di persone è facilmente riconoscibile proprio dall'uso di termini particolari per descrivere cose altrimenti normalissime. Non è infrequente trovare gruppi di persone, fin dall'età scolastica, che tendono ad identificarsi e a riconoscersi attraverso un "linguaggio" particolare.

Finora ho riversato un fiume di parole nel difficile tentativo di spiegare qualcosa di profondo. È ora di lasciare un po' di spazio al silenzio.

La più grande paura di ogni essere umano è il silenzio, eppure ci sono casi in cui le persone scelgono proprio di rimanere in silenzio. Ad esempio quando ci si sente in colpa o in difetto, quando si viene colti di sorpresa o da qualcosa di inaspettato, si rimane in silenzio. Si rimane in silenzio perché non si ha pronta nessuna personalità da opporre all'evento e non si sa cosa dire o fare. In genere si abbassa anche lo sguardo e si rimane immobili. In quei momenti, ad avere un minimo di consapevolezza si può toccare con mano la propria Inborn Voice. Pian piano, se questi momenti si ripetono nel tempo, riusciamo a sviluppare una personalità da opporgli, per cui anche questo beneficio viene a disperdersi.

Quando si incontra una di queste situazioni è possibile avere l'incredibile opportunità di conoscere realmente chi ci sta di fronte. Basta davvero poco per entrare in sintonia con la sua Inborn Voice ed iniziare un dialogo di sole vibrazioni. Purtroppo, quando capitano queste situazioni, mentre una persona rimane in silenzio, l'altra tende a sbraitargli contro e a prenderne il sopravvento. Un altro momento di silenzio, se vogliamo meno piacevole, è la malattia. Qui in America sono molto all'avanguardia e ho partecipato ad alcuni studi proprio sui malati terminali. Infatti i medici si sono accorti che in quei momenti i loro pazienti smettono di parlare. Non hanno pronta una personalità in grado di opporsi alla malattia e quella dominante comprende che la sua presenza è diventata inutile.

Giunti a questo punto voglio fare una precisazione in merito al mio concetto di silenzio. Il silenzio di cui parlo non è contraddistinto dall'assenza di parole o di quello che viene definito dialogo interno. Spesso incontro clienti che praticano una qualche forma di meditazione e sono convinti di riuscire a raggiungere il "silenzio interiore". Sono stati in realtà molto bravi a sviluppare una nuova personalità che gestisce benissimo l'illusione del nuovo stato. Il silenzio non può venire indotto o controllato dalla testa. La mente crea solo illusioni. In realtà il Silenzio, quello con la "S" maiuscola a cui faccio sempre riferimento è colmo di musica, di vibrazioni, di qualcosa che è parte di noi e non è per nulla "privo di suoni". Come ho spiegato nel capitolo tre, è un silenzio assordante.

Occorre una buona dose di consapevolezza per riconoscere da soli la propria Inborn Voice. Per riuscire a scardinare la personalità che lo protegge, occorrerà incamminarsi lungo la via della voce per poi percorrerla tutta, fino in fondo. La libertà è qualcosa che si ottiene solo se si sceglie di liberarsi di tutte le personalità che abbiamo creato per proteggere la nostra essenza.

7

LE DODICI ENERGIE

*Incamminarsi senza la giusta guida
è come volersi smarrire*

Il nostro corpo si è evoluto diventando una macchina perfetta in grado di ottenere grandi risultati nel pianeta abbastanza ostile che ci ha generato. Tutta la nostra evoluzione, in estrema sintesi, si può riassumere con l'idea di ottenere la massima resa con la minima spesa. Grazie a questa filosofia evoluzionistica siamo riusciti a plasmare, un poco alla volta, l'intero pianeta. Quando ci troviamo in situazioni in cui esiste una reale scarsità di risorse o grandi difficoltà da superare che minacciano la nostra sopravvivenza, questo tipo di strategia si è dimostrata senza dubbio quella vincente. Senza di essa non saremmo mai arrivati dove siamo.

Nel nostro stadio attuale, questa stessa strategia si sta dimostrando un vero e proprio ostacolo. Da una parte stiamo distruggendo il pianeta per accumulare risorse non più necessarie, dall'altra non riusciamo ad innescare il passaggio evolutivo successivo. Inconsciamente mettiamo sempre in atto soluzioni che mirano più al risparmio delle energie vitali del singolo individuo che all'ottenimento di risultati eclatanti.

Ora che apparentemente ci troviamo in un momento di abbondanza e in cui le risorse non sono più scarse, non ha più senso risparmiare energie vitali, anzi è meglio investirle per ottenere risultati di ben altro spessore. L'evoluzione ci ha portati ad essere una macchina perfetta, che si è quasi dimenticata come creare energia vitale. E quando riesce fortunosamente ad accumularne abbastanza, non sa più come conservarla per i momenti di necessità. Oramai dovreste avere capito che quando parlo di energia mi riferisco al senso più puro del termine: di vibrazioni.

Per comprendere meglio questo aspetto, vediamo di analizzare assieme la struttura della macchina "uomo" dal punto di vista energetico.

Ogni essere umano nasce ovviamente dotato di un corpo, più o meno perfetto secondo i canoni della nostra società. Il corpo, come abbiamo visto, è la manifestazione di una qualche forma di energia molto comune attorno a noi.

Ognuno di noi è perfettamente in grado di comprendere la differenza tra un essere vivente e uno morto. Che sia un insetto, un animale o una persona, siamo tutti in grado di stabilire quando la vita è presente e quando è assente. Anche in questo caso abbiamo visto come la vita sia una forma di energia, molto rara e preziosa. Non è una forma di energia qualunque, ma energia del tipo più puro che ci è dato possedere al momento della nascita.

Possiamo affermare tranquillamente che questi due tipi di energia, quella che compone il corpo e quella che ci tiene in vita, sono presenti anche in tutto quello che riconosciamo essere "vivente", come gli animali o le piante. Risulterà invece più complicato comprendere la loro presenza anche in quello che non riconosciamo essere "vivo".

Questi due tipi di energia, di vibrazione, vanno a collocarsi agli estremi della nostra esperienza terrena. Da un lato abbiamo l'energia vitale, capace di vibrare a frequenze talmente elevate da risultare impossibili da misurare o da avvertire in questo mondo, dall'altra l'energia materiale, capace di vibrare a una frequenza nettamente più bassa e che la scienza sta iniziando a definire in modo più chiaro solo in questa epoca storica. Ogni vibrazione quando si dirama all'interno di un oggetto crea sempre fenomeni che sono descritti dalla scienza come "di risonanza", ovvero la vibrazione tende ad accelerare o a diminuire, in corrispondenza di determinati punti. Per comprendere meglio l'idea della risonanza, immaginate di far cadere una moneta in un piccolo recipiente colmo d'acqua, ad esempio una bacinella. Le onde che si diramano dal punto di impatto iniziale si dirigono naturalmente verso i bordi. Ogni onda, arrivata al bordo "rimbalzerà" e tornerà indietro, creando una ragnatela di onde sovrapposte che ben presto si trasforma in un caos.

Quando due onde si incontrano, in qualche modo si sommano tra di loro, creando temporaneamente una terza onda, più grande e potente delle singole. Osservando le increspature dell'acqua al rallentatore sarebbe davvero semplice notare questi "punti" di risonanza.

È interessante notare come la risonanza sia un fenomeno del tutto naturale, che non è possibile riprodurre artificialmente: non si può costringere nulla e nessuno a risuonare! Affinché questa si presenti naturalmente occorre un'incredibile coincidenza di avvenimenti, che però sono sorprendentemente frequenti. Ad esempio la televisione, la radio, il cellulare e il WiFi, funzionano solo grazie a fenomeni di risonanza. Anche la nostra percezione di luci, suoni, odori e quant'altro è dovuta questi fenomeni. Persino la fecondazione dell'uovo da parte dello spermatozoo avviene attraverso una risonanza. Tra milioni di spermatozoi che provano ad entrare all'interno della cellula uovo, solo uno, e uno soltanto, ha "casualmente" la frequenza di risonanza adatta ad entrare all'interno. Tutti gli altri ne restano esclusi poiché non possiedono la giusta risonanza.

Ovviamente il nostro corpo non fa differenza e anche al suo interno, la nostra Inborn Voice, crea naturalmente dei punti e delle frequenze di risonanza che possono risultare più facilmente individuabili. A parità di corpo e di vibrazione, queste frequenze e questi punti saranno sempre gli stessi, cambiando corpo o cambiando la vibrazione, tutto si sposta di conseguenza fino a riassestarsi nuovamente in corrispondenza di altri punti. L'Inborn Voice, è qualcosa di unico, di speciale, che ognuno di noi possiede dalla nascita. È meraviglioso che non esistano al mondo due esseri umani dotati di un'energia identica. Al pari della fisionomia, delle impronte digitali e di tanti altri elementi che ci caratterizzano, ognuno di noi è dotato di una vibrazione unica.

Ora cercherò di aiutarvi ad intuire come questa vibrazione riesca ad entrare in contatto, o meglio in risonanza, con il nostro corpo fisico e con gran parte della materia esistente nel nostro pianeta (e dell'universo).

Vista l'enorme rapidità con cui vibra questo tipo di energia, appare evidente che perché sia in grado di interagire e di risuonare con il nostro corpo e il resto del creato deve sottoporsi a diversi stadi di rallentamento. Ogni disciplina orientale prova a spiegare questi concetti, in modo più o meno chiaro, ad esempio utilizzando nomi come chakra o corpi, ma purtroppo quello che è giunto a noi è stato tramandato e interpretato in modo troppo libero o assolutista.

I due errori principali che accomunano gran parte delle idee esistenti a riguardo sono di considerare l'uomo come qualcosa di completo già al momento della nascita e di immaginare ogni essere umano simile agli altri. Alcune di queste teorie si spingono addirittura a voler identificare il punto esatto del corpo umano in cui una particolare forma di energia di manifesterebbe, oppure a definirne il colore o la nota musicale corrispondente.

In base alla mia esperienza, tutto questo è qualcosa di talmente lontano dalla realtà che è meglio dimenticarlo. Chi sostiene queste cose si dimentica che i colori e le note musicali sono una convenzione creata dalla mente dell'uomo, sono qualcosa che non esiste in natura. Infatti in natura non esiste nessun suono, neanche nel canto degli uccelli, che sia paragonabile alle note musicali che utilizziamo oggi. Vi dirò di più. Nell'antichità le note musicali erano diverse da quelle moderne e molti strumenti musicali antichi, tra cui il mio amato violino Stradivari, non sono stati progettati per produrre le note moderne. Tanto è vero che per "tendere" e "accordare" un violino Stradivari alle note moderne, occorre rinforzarlo per evitare che si spezzi.

Lo stesso discorso vale per i colori. Ci si dimentica del fatto che se osserviamo, ad esempio un pulcino e questo ci appare giallo, è perché le sue piume non assorbono la vibrazione gialla della luce bianca. Ciò che a noi appare giallo, in realtà non è per nulla giallo!

Molto meglio cercare di ricostruire una propria teoria partendo da principio, per cui cercherò, nel limite del possibile, di non utilizzare gli stessi termini già usati da altri, così da facilitare la comprensione a chi già ha fatto sue quelle idee.

Proviamo a ricostruire assieme un percorso di tipo logico e deduttivo per individuare i diversi passaggi di livello che compie l'Inborn Voice per scendere di livello energetico, o per meglio dire, quando scende di "ottava", per portare la materia che compone il corpo umano ad uno stato di creazione.

Le forme di vita principali che conosciamo sono suddivise tra mondo animale e vegetale. Questa divisione scientifica ci aiuta ad individuare immediatamente il fatto che noi e gli animali, a differenza dei vegetali, siamo in grado di muoverci e di interagire con il mondo in una modalità sicuramente superiore a quella delle piante.

Come abbiamo appreso nelle prime pagine del libro, ogni forza che esprime un risultato tangibile in questo mondo è sicuramente una forza, una energia, una vibrazione. Ed ecco quindi che abbiamo individuato una terza energia, una prima risonanza della nostra Inborn Voice: la capacità di muoverci.

È interessantissimo notare come le parole giochino a rimpiattino con noi. La parola animale, include al suo interno la parola *anima*, quindi non vi è dubbio che il significato originario di "anima" sia parte della loro esistenza. Le discussioni religiose che spesso si scatenano su questo principio sono per lo più dovute al significato che si dà alla parola anima. Infatti il significato profondo di anima è "soffio vitale", ma nella mia concezione l'anima è solo una risonanza prodotta dall'Inborn Voice, l'energia che ci permette di animarci, ovvero di muoverci a piacimento.

Un'altra caratteristica che ci è propria e che è legata alla nostra esistenza è la capacità di provare, generare e condividere emozioni. Anche le emozioni sono sicuramente una vibrazione, una forma di energia. Chi meglio di noi può riconoscere la loro esistenza nel nostro mondo interiore e può apprezzare gli effetti più o meno piacevoli che scatenano. Quindi non vi è dubbio che le emozioni sono un secondo tipo di risonanza della nostra Inborn Voice, un quarto tipo di energia che ci contraddistingue.

Riassumendo quanto letto finora, abbiamo visto che l'energia particolare che contraddistingue ognuno di noi, l'Inborn Voice, si palesa in questo mondo scendendo di "ottava", o se vogliamo di frequenza, per dare forma al corpo. Nel percorso discendente passa attraverso parecchie "ottave" e ogni volta genera, attraverso la risonanza, una qualche forma di energia caratteristica capace di manifestarsi in questo mondo. Finora abbiamo individuato le energie che ci danno la possibilità di muoverci e la possibilità di provare emozioni. Queste quattro forme di energia (Inborn Voice, Corpo, Anima ed Emozioni) sono tipicamente presenti fin dalla nascita in ognuno di noi.

Ovviamente ne esistono altre. Le altre forme di vibrazione, contrariamente al credere più diffuso, non sono disponibili immediatamente ma vanno in qualche modo coltivate e rafforzate. Un essere umano è perfettamente in grado di compiere il suo intero ciclo vitale solo grazie a queste quattro forze, le altre non sono per nulla indispensabili e oserei dire che ben pochi ne avvertono la necessità o l'eventuale mancanza.

La quinta forma di energia, la prima che la maggior parte degli esseri umani sviluppa è la voce. Come abbiamo visto questa forma di energia è molto particolare in quanto è facilmente disponibile e ci consente di mettere in vibrazione parte della materia che ci circonda in una modalità chiaramente percepibile con i nostri sensi. Quando si è piccoli si usa la voce in modo più istintivo ed aggraziato, ad esempio per segnalare stati di bisogno o per fare sgorgare qualche emozione, poi con il tempo tutto diventa più controllato e meno "naturale". Vista l'apparenza tangibile di questa energia è possibile apprezzare come si manifesti in modo unico e particolare, più o meno presente, in ognuno di noi.

Crescendo iniziamo a sviluppare anche l'organo che meglio ci caratterizza come specie umana: il nostro prodigioso cervello. L'energia della mente è qualcosa che raggiunge la maturazione in molto più tempo della voce. Si può indicare più o meno un primo "avviamento" di questa energia intorno all'età di 10 anni. Questo sesto tipo di energia, solitamente è quello che con il tempo arriva a dominare, in modo più o meno totale, le cinque precedenti.

L'ultimo tipo di energia che viene a svilupparsi normalmente in ogni essere umano è l'energia sessuale. Arriva a manifestarsi nella sua interezza con la pubertà e in genere il suo avvento provoca non pochi scossoni e occorre del tempo per riuscire a imparare a conviverci serenamente.

Se avete contato bene abbiamo già sette diversi tipi di energia all'interno della nostra piccola "fabbrica". Come abbiamo visto i primi quattro tipi di energia sono disponibili quasi per tutti, gli ultimi 3 vanno sviluppati e portati a maturazione. Un conto è saper utilizzare una forma di energia, un altro è padroneggiarla. Infatti sebbene parlare, pensare e riprodursi non sia difficile per nessuno, padroneggiare queste energie è qualcosa di veramente complesso.

L'essere umano è in grado di diventare un grande uomo o donna, e vivere una vita perfettamente sana e felice senza altri tipi di energie.

Nel mio campo, quello della voce, posso affermare che pochissime persone al mondo sono in grado di utilizzare la voce, così come è naturale farlo. La voce è uno strumento che come minimo deve essere in grado di lasciare trasparire le altre vibrazioni presenti nella persona, come la volontà e le emozioni. Eppure pochissime persone riescono a farlo. Ogni giorno insegno alle persone a riconnettere le emozioni e il pensiero alla propria vocalità. Molte di loro hanno estrema difficoltà a rapportarsi con le altre forme di energia, specialmente le proprie emozioni. E se sono poche le persone che riescono a sovrapporre le vibrazioni delle emozioni e della volontà a quelle della voce, quelle che riescono a sfruttarne in minima parte l'enorme potere sono rarissime.

Per il momento mi fermo a questi sette tipi di energia, quelli più classici e utili per comprendere i passaggi successivi. In tutto, l'essere umano al massimo del suo sviluppo è in grado di gestire e veicolare ben dodici diversi tipi di energia. Sarebbe inutile esporre le ultime cinque dato che diventano accessibili solo quando si è in contatto con la propria Inborn Voice e occorre davvero molto tempo, sacrifici e passione per riuscire anche solo a iniziare a percepirne la presenza.

Se paragonate questa mia esposizione a quelle classiche, troverete alcuni punti in comune e alcune differenze. La differenza principale, come ho detto, è che alcune vibrazioni della concezione "classica" non sono concesse al normale essere umano. Infatti chi ha esposto e tramandato queste teorie, aveva di fronte a sé un essere non comune, dotato probabilmente di tutte e dodici le energie. L'altra differenza sta nell'aver voluto individuare dei punti "energetici" in corrispondenza di specifiche aree del corpo.

Nella migliore delle ipotesi i punti che sono

stati "codificati" sono quelli dove l'energia è più semplicemente identificabile, ovvero dove questa è presente al minimo della sua potenza.

Proverò a dare una spiegazione semplice di questo concetto. Se ci trovassimo di fronte un "essere perfetto", dotato e in controllo di tutte le forme di energia a sua disposizione, e avessimo la capacità di percepire le sue vibrazioni, potremmo notare la presenza di alcuni punti dove l'energia appare più statica, quindi più facilmente riconoscibile. Facciamo il solito esempio della corda di una chitarra. Se potessimo osservarla vibrare al rallentatore, noteremmo che all'interno del suo movimento ci sono dei punti in cui appare immobile. Questi non sono i punti di risonanza, ma sono quelli che spiccano immediatamente all'occhio perché appaiono statici. In realtà in corrispondenza di quei punti, la vibrazione ha il minimo livello energetico possibile.

Per comprendere cosa sia un punto di risonanza occorre sottoporre a vibrazione un qualunque oggetto, ad esempio il classico bicchiere di cristallo che si sbriciola sottoposto alle vibrazioni della voce. Osservando il bicchiere al rallentatore, vedremo che il bicchiere inizia a frantumarsi non in corrispondenza dei punti in cui il vetro vibra di meno, ma in corrispondenza di quelli dove la vibrazione va oltre la capacità elastica del cristallo. Ogni onda sonora successiva, per via della risonanza, si somma alla precedente, trasformando quello che sarebbe un movimento impercettibile in un qualcosa di distruttivo.

Ecco perché le antiche rappresentazioni dei punti energetici spesso identificano sette punti. Ricordate che stiamo ipotizzando un essere perfetto e non un comune essere umano. La cosa interessante è che questi punti non sono per nulla fissi, come normalmente si pensa, ma variano da individuo a individuo e da momento a momento.

Visto che tutte queste forme di energia che ci contraddistinguono vibrano, possiamo ipotizzare di ordinarle in modo crescente tra loro.

L'energia più sottile, quella che vibra a frequenze oltre la nostra comprensione, è sicuramente l'Inborn Voice. È un'energia capace di fare da ponte di comunicazione tra questo mondo e qualcosa di ulteriore. Subito dopo troviamo l'energia delle emozioni, che come abbiamo visto è in diretto contatto con la nostra sorgente e che quindi è l'unica a poter in qualche modo comunicare con lei. Poi arrivano le energie che ci garantiscono il movimento, la sessualità ed il pensiero. Infine le energie più lente sono la vocalità e quella che forma il nostro corpo.

La frequenza di vibrazione non è un dato interessante, però è utile comprendere che un effetto indiretto di questa maggiore "velocità" è percepibile anche nel nostro mondo. Chiunque abbia imparato a fare qualche attività manuale, dallo scrivere al suonare uno strumento, dal guidare un'automobile a ballare, ha avuto modo di apprezzare le diverse velocità di funzionamento della mente e del corpo. Infatti per imparare a scrivere le lettere in stampatello attraverso l'energia della mente ci sono voluti degli anni. Ora che questa capacità è stata trasmessa per via dei fenomeni di risonanza all'energia del movimento, riusciamo a scrivere a velocità impensabili ad un bambino di sei anni. Lo stesso discorso si può fare con il guidare un'automobile. All'inizio tutto sembrava accadere troppo in fretta perché la mente potesse starci dietro, ora probabilmente tutto accade automaticamente, senza che la mente se ne occupi. Questo è perché l'energia del movimento è nettamente più rapida di quella legata al pensiero.

Chi ha imparato una qualche forma d'arte, come disegnare, suonare uno strumento o cantare, sa perfettamente quanto tempo ci è voluto per imparare a far diventare "automatico" il procedimento meccanico legato alla disciplina scelta. Questo però non è sufficiente per definirsi un "artista". Per riuscire a trasformare un'abilità tecnica, anche perfetta nelle sue modalità, in una forma d'arte occorre fare un passaggio ulteriore e portare questa capacità a "risuonare" anche con le emozioni. Dato che abbiamo visto che le emozioni sono una vibrazione molto vicina all'Inborn Voice, è davvero difficile riuscirci. Nel mio settore, quello della voce e del canto, è sempre più raro trovare qualcuno che sia capace di emozionare attraverso la voce, anche se è sempre più frequente incontrare chi possiede qualche capacità tecnica. Se bastasse la tecnica per avere una voce fantastica, oggi la tecnica sarebbe perfettamente in grado di replicare e costruire violini capaci delle magiche sonorità tipiche di quelli realizzati da Stradivari.

In pratica ogni vibrazione è in grado di "comunicare", di trasmettere informazioni solo a quelle che stanno per così dire a livelli energetici, in "ottave", più prossime. Vi sarà semplice comprendere l'impossibilità di comunicazione che c'è, ad esempio, tra la mente e le emozioni. Sono due mondi totalmente diversi, incompatibili. Perché la mente riesca a "comprendere" un'emozione occorre un intrigante processo di accordatura tra le diverse energie coinvolte. Possiamo fare un esempio parlando di uno qualunque dei nostri sensi. Se consideriamo il gusto possiamo comprendere se qualcosa ci piace o meno, ma non appena proviamo a considerare questo fatto con la mente, cerchiamo di creare dei paragoni e delle classifiche. Lo stesso si può fare con la vista, con l'udito e persino con il tatto. L'emozione riesce a dare una risposta di tipo "risonante", ovvero se quello con cui stiamo interagendo risuona o meno con qualcosa che sta all'interno. Non è in grado di fare paragoni. La mente invece subito cerca di classificare tutto in categorie ben distinte. Ad esempio, dolce, salato, croccante, disgustoso eccetera.

La mente semplicemente non è in grado di comprendere le sfumature di un'emozione perché la sua vibrazione non è in grado di contenere tutte le informazioni necessarie. Un po' come abbiamo visto accadere per il processo di registrazione del suono di un violino, parte delle informazioni originarie vengono disperse.

Questa "lentezza" della mente è evidente anche quando si pianifica qualcosa con estrema precisione, fin nei minimi dettagli, e la si mette in atto. Può essere una telefonata, il cucinare un piatto, l'andare al cinema o qualunque altra attività, anche semplice. La vibrazione prodotta dal programma fatto dalla mente, ad un certo punto entrerà in dissonanza con la realtà, ad esempio la persona chiamata non risponde al telefono, l'odore del piatto cucinato non appare invitante o la coda per entrare nel parcheggio del cinema è tremendamente lunga. In genere le persone avvertono la dissonanza, però anziché darle ascolto continuano a seguire ciecamente il proprio piano, generando per risonanza emozioni spesso poco piacevoli.

Andando nello specifico del mio lavoro, molti dei top manager che mi contattano, non riescono ad affrontare un discorso, una riunione, una presentazione importante senza avere fatto prima un dettagliato programma che include, al pari di una partita a scacchi, tutte le mosse possibili. Sono tutti più che preparati e hanno persino seguito corsi su come parlare in pubblico, però basta che si presenti un imprevisto, di qualunque natura, che il loro piano si ritorca contro di loro. Nonostante tutto l'impegno messo nella preparazione, le loro aspettative sembrano quasi sempre non avverarsi. Quando arrivano da me, convinti che non esista una soluzione pratica ai loro problemi, rimangono sempre strabiliati dei risultati che ottengono quando imparano ad utilizzare la passione proveniente dalla loro Inborn Voice per affrontare la vita e le situazioni, senza che la mente pretenda di controllare tutto.

Come ho anticipato le vibrazioni che caratterizzano una persona evoluta sono dodici. Non differenzio tra forme superiori o inferiori, dato che nulla che ci riguardi può essere "superiore" all'Inborn Voice che ci caratterizza. Chi "pensa" che possa esistere qualcosa di superiore, sta semplicemente utilizzando la testa, un organo molto lento e impreciso, come abbiamo visto finora.

Vorrei concludere l'argomento spendendo qualche parola in merito ai tipi di vibrazione che ho tralasciato nella mia esposizione. Alcuni di loro sono molto profondi, altri sono più superficiali. Per svilupparli non occorre altro che incamminarsi lungo la via della voce, sintonizzando tutto il proprio essere sulla propria Inborn Voice . Tutto verrà a crearsi naturalmente. Perché questo avvenga è fondamentale non solo "accordare" tutte le vibrazioni interne, ma occorre anche che tutte partecipino equamente alla creazione di una stessa sinfonia. Se qualcuno dedica troppe energie a sviluppare una vibrazione in particolare, non ne avrà a sufficienza per svilupparne altre. Quando una persona riesce a far sviluppare tutte le sue vibrazioni in armonia tra loro, in qualche modo si trasforma in una specie di splendido pentagramma musicale in grado di fare grandi cose e tutto quello che gli occorrerà per continuare a risuonare nel mondo gli verrà dato senza fatica e senza sforzo.

Arrivati a questo punto non manca che accennare l'origine delle tanto citate "energie" che ci permettono di esistere. Sicuramente saprete che le energie necessarie al sostentamento del corpo provengono dall'alimentazione. Avrete anche sentito parlare di tante teorie, di tante diete e di tante ideologie legate all'alimentazione. A me non interessa entrare troppo nel dettaglio. L'importante è capire che ogni cosa che esiste in natura è una qualche forma di vibrazione, una qualche forma di sinfonia musicale. Le vibrazioni non esistono solo per comunicare, per trasmettere la loro esistenza, ma anche per fornire energia o per permettere di smaltire quella in eccesso.

Compreso questo, appare evidente che il cibo che mangiamo è solo parte delle vibrazioni che accumuliamo ogni giorno. Assorbiamo energie attraverso le orecchie, ascoltando suoni, attraverso gli occhi guardando quello che ci circonda, attraverso i pensieri, focalizzando la mente su un'idea e così via. Persino l'aria che respiriamo apporta il suo contributo!

Occorre fare attenzione perché non tutte le vibrazioni, per così dire, ricaricano, altre debilitano. Alcune apportano materia più o meno sottile, altre la sottraggono. Alcune amplificano una vibrazione, altre la neutralizzano.

Chiunque può sostenere che i suoni naturali, i paesaggi incontaminati, i cibi freschi sono "meglio" delle alternative tecnologiche, ma non bisogna fare l'errore di considerare tutto allo stesso modo. Ognuno di noi ha una Inborn Voice diversa e risuonerà in armonia con vibrazioni diverse. Quindi è fondamentare utilizzare la bussola a nostra disposizione, la nostra Inborn Voice, per comprendere anche quali vibrazioni che assorbiamo ci fanno stare meglio e quali ci fanno stare peggio.

In conclusione l'uomo andrebbe prima educato a gestire la sua essenza e poi istruito per partecipare attivamente nella società perché è fondamentale comprendere che la vera conoscenza è qualcosa di vibrazionale e non qualcosa che si può apprendere attraverso l'intelletto.

8

LA VIA DELLA VOCE

La via parte da dentro e raggiunge l'armonia del creato

S e avete avuto la perseveranza di arrivare fino a questo punto passando attraverso tutto il libro siete sicuramente già con un piede sulla via della voce. Se invece avete preso una scorciatoia, nulla è perso, ma occorrerà più tempo per comprendere se volete impegnarvi o meno in questo percorso.

L'evoluzione della società è in qualche modo da sempre inficiata dall'assenza dell'uso corretto della voce. Per ragioni storiche, strategiche o politiche, l'essere umano non viene addestrato ad usare la voce per comunicare con gli altri. In genere la voce la si usa malamente e quasi sempre per cercare di convincere la parte cognitiva degli altri di qualcosa. Che sia una vendita, una proposta sentimentale, un racconto sportivo, la voce è usata quasi esclusivamente per cercare di comunicare agli altri una propria fantastica visione del mondo.

Il risultato di questa evoluzione è che le persone dell'era moderna stanno progressivamente smettendo di comunicare per mezzo della voce. Tutti parliamo attraverso messaggini, chattiamo, scriviamo email, utilizziamo i social network. Si preferisce la forma scritta e per rendere il tutto ancora più veloce si utilizzano abbreviazioni e simbolismi. Questo non è un male in senso assoluto, ma vi sarete sicuramente accorti di quante volte questo tipo di comunicazione porti a malintesi, malumori e arrabbiature del tutto non necessarie.

Vi sarà capitato qualche volta di inviare messaggini contenenti più domande e di ricevere la risposta solo alla prima. Altre volte avrete dato per scontato qualche fatto, ipotizzando che l'altra parte ne fosse al corrente, generando un malinteso. Sarà anche accaduto di non rispondere immediatamente a una richiesta, facendo indispettire l'altra parte. Questi problemi di comunicazione sono tutti legati alla pretesa assurda che bastino le parole per comunicare agli altri.

Vi sarete certo accorti che utilizziamo sempre meno e sempre meno efficacemente la voce per comunicare realmente con gli altri. L'intenzione della società è quella di creare una sorta di isolamento rumoroso, immergendoci in fiumi di parole che spesso non hanno nessuna utilità e nessun contenuto sostanziale. Potremmo anche ipotizzare che la comunicazione profonda tra due individui si stia estinguendo, lasciando il posto a funzionalità del tutto inutili alla propria evoluzione personale, come esternare lamentele o impicciarci dei fatti altrui. Utilizzare la voce è qualcosa di più di dare fiato alla bocca per pronunciare una sequenza più o meno sensata di parole.

Questo libro, seppure scritto da una Vocal Coach, non pretende che le persone imparino ad usare la propria voce adottando qualche strana tecnica o una prodigiosa forma di respirazione. Tutt'altro. Arrivati a questo punto è mio dovere fare una precisazione. Per percorrere la via della voce non bisogna avere una voce impostata o una tecnica vocale invidiabile, anzi l'intero processo è più un processo di accordatura con la propria Inborn Voice. Infatti chi ottiene più rapidamente una voce armoniosa con prodigiose risonanze nella propria vita è solitamente chi non ha avuto nessuna esperienza precedente di formazione vocale. Sono diventata famosa come Guru della voce proprio perché riesco a far migliorare la voce dei miei clienti senza mai utilizzarla con esercizi o vocalizzi. Una delle frasi che spesso si ripete nelle testimonianze che ricevo è riassumibile in "Non capisco come la mia voce sia migliorata senza mai aver prodotto suoni".

Molte delle persone con cui lavoro, specialmente i cantanti, arrivano da me quando hanno notano che nella loro voce qualcosa non è più come prima o, peggio ancora, quando qualche medico ha diagnosticato l'esistenza di qualche problema vocale serio. Purtroppo solo chi utilizza la propria voce per lavoro si preoccupa dei sintomi che appaiono ritmicamente nella loro vocalità. I sintomi più comuni sono frequenti mal di gola, repentini abbassamenti di voce, mancanza di fiato mentre si parla di fronte ad una platea, sensazioni di bocca secca, balbettii o altri difetti legati allo scandire le parole. Non bisogna mai sottovalutare i sintomi che provengono dal nostro sistema fonatorio. Se quanto avete letto finora risuona con qualche sintomo che si ripresenta ritmicamente, allora il miglior consiglio che posso darvi è quello di non cercare la soluzione in qualche lezione vocale di stile tradizionale. Questo tipo di lezioni, si concentra principalmente sull'accordare la voce su note musicali innaturali attraverso l'utilizzo di vocalizzi più o meno fantasiosi e dannosi. Chiaramente non prendo neanche in considerazione chi pretende di insegnare ad usare la voce con uno stile Karaoke, poiché è il modo certo di rovinarsi le corde vocali, anche quando lo si fa solo per hobby o passatempo.

Una costante che accompagna fin dall'inizio la mia avventura nel mondo del Vocal Coaching è che molte persone sono convinte che con qualche esercizio segreto la loro voce o i loro problemi di vita, si risolvano magicamente.

Non esistono, e non possono esistere, esercizi capaci di trasformare la vostra voce in qualcosa di meraviglioso o che possano insegnarvi ad utilizzarla meglio di come ha già fatto madre natura. Esistono solo esercizi che vi aiutano a rimuovere, ad eliminare, il modo scorretto di utilizzare la voce che avete già appreso. Se ci fate caso, non esiste un neonato che "perde" la voce per avere pianto troppo, non esiste un neonato che strilla sottovoce, non esiste neanche un neonato che si zittisce a comando.

Io non sono una "maga", ne tanto meno posso fare magie a comando: posso solo aiutare le persone a ritornare ad utilizzare lo strumento perfetto che avevano a loro disposizione quando sono stati creati, rimuovendo tutti i cattivi insegnamenti appresi negli anni e tornando in perfetta sintonia con la propria Inborn Voice.

Un'altra precisazione che mi preme fare è che la comunicazione dell'Inborn Voice non utilizza parole. Non è nulla che sia stato descritto finora da altri. Non ha nulla a che fare con quello che nella psicologia si definisce come "dialogo interno" tra le diverse personalità. Nel libro ho scelto appositamente di parlare sempre e solo di Inborn Voice per scongiurare gli inevitabili abusi che verranno dopo la sua pubblicazione. Diffidate di chiunque inizierà a parlare di voce innata e non di Inborn Voice. Nel migliore dei casi si starà facendo riferimento a qualcosa di diverso.

L'obiettivo del mio lavoro di Vocal Coach è sempre e solo uno: individuare e far fiorire il talento già presente nel mio cliente. Il talento è qualcosa che non si può mettere dentro ad una persona, ma lo si può solo tirare fuori, per questo ho così tanti successi nel mio lavoro.

Ogni strumento musicale va prima costruito, poi va accordato e solo infine lo si può suonare. Io lavoro con le persone e vi sarà semplice comprendere sono già state "costruite" da madre natura. Chiaramente quando arrivano da me hanno già anni di "utilizzo" più o meno corretto, alle loro spalle. Non posso certo vantarmi di avere fatto qualcosa in merito alla loro costruzione, anche se li tratto tutti con l'amore e la fermezza tipica di una madre.

Il mio lavoro comincia quindi con la selezione delle persone con cui lavorare, quelle in cui sento risuonare forte l'Inborn Voice. Anche se questo può sembrare crudele, è l'unico modo per lavorare seriamente e senza prendere in giro le persone. Non preoccupatevi! Pian piano sto preparando altri a padroneggiare il mio metodo, ognuno scelto in base alla nota fondamentale della propria Inborn Voice, così da avere a disposizione un'orchestra per diffondere ulteriormente il mio messaggio nel mondo.

Una volta iniziato a lavorare con il mio cliente cerco

di "riparare" lo strumento che mi si presenta davanti per riportarlo alle condizioni originarie. Affinché la riparazione sia perfetta, occorre il suo impegno, la sua dedizione e la sua fiducia. Senza questi elementi non vi è possibilità alcuna di sentire risuonare l'Inborn Voice.

Tipicamente ai miei clienti interessa solo migliorare la propria vocalità, per cui molti rimangono soddisfatti dei risultati che ottengono senza voler indagare oltre questi aspetti. Una volta "risolto" il loro problema, tipicamente interrompono la formazione senza porsi troppi problemi, pur conservando intatto per lungo tempo il lavoro fatto fino a quel momento.

La fase successiva del mio lavoro è l'accordatura. Questo passaggio tipicamente è quello che affronta chi vuole cantare. Io cerco di individuare la risonanza migliore per fare uscire, nel modo più indolore possibile la voce assieme alle emozioni e, nel caso anche all'Inborn Voice. Accordare un essere umano è un'operazione complessa che richiede tutta la sua collaborazione e tanto, tanto amore. L'intervento avviene in pochi istanti, del tutto inconsciamente, ma richiede molto tempo per assestarsi e fortificarsi.

Se un musicista accorda male la propria chitarra, questa produrrà suoni fastidiosi, cacofonici, ma è una situazione facilmente correggibile. Se però l'accordatura è davvero fatta male, può portare alla rottura o alla distruzione di una corda o addirittura dello strumento. Lo strumento non è in grado di ribellarsi al cattivo "accordatore".

Lo stesso accade con le persone. Se chi accorda la loro

voce non sa quello che sta facendo, rischia di portarle a produrre suoni che disturbano o dissonano con la loro Inborn Voice o, addirittura, che contribuiscono alla sua distruzione.

Fatte queste precisazioni, bisogna scindere l'aspetto superficiale della voce, quello di cui mi occupo quotidianamente nel mio lavoro, con qualcosa di diverso che è l'oggetto di questo libro.

Incamminarsi lungo la via della voce è un po' come partire per un viaggio. Quali sono le cose che si fanno prima di partire? Preparare le valigie, le medicine, i documenti, i biglietti, delegare chi si occuperà della casa, delle piante e degli eventuali animali. Questi sono alcune cose che tutti avrete pensato.

In realtà quando si arriva a questo punto del viaggio si ha già il biglietto in mano e si conosce esattamente dove si sta andando.

Io sto facendo riferimento ai momenti precedenti. Si penserà innanzitutto a quanto si può spendere, poi si sceglierà una destinazione. Queste sono tutte operazioni classiche di chi programma un viaggio con l'energia della mente. Ma la via della voce parte dall'Inborn Voice, lontana parecchie "ottave" dalla mente. L'unica cosa da fare per incamminarsi lungo la via della voce è scegliere di partire. Tutto il resto verrà da sé, come per magia.

Nella mia vita ho viaggiato praticamente per tutto il pianeta nella ricerca di nuove sonorità e di vibrazioni diverse per espandere la mia conoscenza e per rendere ancora più unico il mio lavoro. Ho visitato posti incredibili, ho conosciuto persone e culture meravigliose. Ho bellissimi ricordi legati ai Maori, al loro modo unico di utilizzare la voce e il corpo: partecipare di persona ad una Aka è un'esperienza veramente vibrante. Chi mi conosce sa che non faccio mai viaggi organizzati. Colgo la vibrazione che mi chiama verso qualche luogo, acquisto i biglietti, mi informo su cosa troverò e poi parto. Nulla di fisso o di programmato. Turista fai da te, come direbbe la pubblicità di un'agenzia di viaggio. Io seguo delle vibrazioni. Le stesse che mi hanno portato a vivere e lavorare a Boston, a incontrare tante persone che mi stanno aiutando a portare il mio messaggio a risuonare per il mondo.

Siamo arrivati al dunque. Al momento della Via della voce.
Ho scelto di utilizzare il termine *via* perché esprime bene in concetto di movimento, di evoluzione, in solitario. "Strada" mi suggeriva un'idea di qualcosa di affollato, dove si possono incontrare altri, mentre "sentiero" mi faceva pensare a qualcosa di buio e stretto.
Ho scelto di utilizzare il termine *voce* perché è una via fatta da vibrazioni risonanti con la propria Inborn Voice, non perché sia collegata in qualche modo all'usare la vocalità.
La via della voce esiste, ma non è qualcosa che si possa mostrare dalle pagine di un libro. Come abbiamo visto

nei capitoli precedenti la sua esistenza traspare più volte all'interno dei testi più antichi a nostra disposizione. Non è mai stata tenuta segreta e non è per nulla da considerarsi qualcosa da tenere nascosto.

La via della voce, anche se va percorsa tutta con le proprie forze, non la si può trovare senza l'aiuto di qualcuno che ne abbia percorso almeno una parte.

La si può imboccare solo grazie all'aiuto di qualcuno che coscientemente sceglie di "cedere" parte della "materia" pura che è riuscito a raccogliere per sé. In questo modo si può innescare nell'altro la vibrazione utile a rientrare in contatto con la bussola che ci è stata regalata: la nostra Inborn Voice. Come ho spiegato nel libro, perché avvenga una vibrazione è sempre necessario avere a disposizione un qualche tipo di materia in grado di risuonare con essa.

Una volta iniziato il percorso, fintanto che si rimarrà "sintonizzati" sulla propria Inborn Voice, la via vi si aprirà dinanzi, un passo alla volta.

È un viaggio molto lungo attraverso un luogo bellissimo, ora cupo e pauroso. Trovarsi all'imbocco della via della voce per la prima volta è un po' come trovarsi a Tokyo e voler andare da qualche parte, ad esempio al famoso parco di Odaiba. Ci si troverebbe a chiedere indicazioni ad un giapponese, senza sapere nulla della lingua locale, magari proprio di fronte al cartello, grande come un autobus, che indica quale direzione prendere. Non c'è modo di comprendere la comunicazione giapponese e neanche di riuscire a decodificare i cartelli. Per riuscirci è necessario imparare un po' di giapponese, oppure trovare qualcuno che conosca la lingua del sol levante e ci faccia da interprete fintanto che si impara.

Certo per imparare il giapponese occorre molto tempo, non è qualcosa che si può fare in un giorno, in una settimana o in un mese. Per impararlo non basta avere a disposizione del tempo, occorre infatti molta determinazione e passione personale.

Non preoccupatevi. Da parte mia riceverete tutti gli insegnamenti utili a riconoscere e a stare lontani dalle vibrazioni debilitanti, così come individuare e seguire quelle risonanti. La via della voce non è un percorso rettilineo, ma neanche un percorso ad ostacoli. Più ci si addentra e più si ha chiara l'idea di cosa ci si aspetta alla fine del viaggio: la propria realizzazione personale, così come era stata concepita fin dal momento della nascita.

La via della voce è qualcosa di estremamente privato, infatti inizia nella parte più profonda di ognuno di noi, proprio in corrispondenza dell'Inborn Voice, e termina nel mondo esterno. Per giungerci segue percorsi imperscrutabili che nessuna logica potrà mai comprendere. È un viaggio di cui si conosce solo il punto di partenza e non si può scegliere in alcun modo la destinazione. Come accade per le particelle quantiche, se solo si prova ad imporre la propria volontà, la via cambia immediatamente oppure sparisce da sotto gli occhi.

La via della voce non conosce scorciatoie e nessuna guida può accompagnarvi lungo il percorso. L'unica cosa che vi occorre è dell'educazione per imparare ad ascoltare la vostra Inborn Voice in modo da avere una bussola che vi indichi quando c'è risonanza e quando manca. Ovviamente bisognerà avere anche "fede" nella propria bussola.

Volete sapere qual è il significato originario della la parola *fede*? La parola *fede*, trova le sue origini nel nome di una corda di uno strumento musicale e il suo significato più filosofico è quello di "adempiere le proprie promesse", un modo un po' romantico per "non mentire a se stessi". Come potete vedere, nuovamente un concetto antico legato ad una vibrazione. Imparando ad usare la propria bussola e avendo fede nelle sue capacità di risonanza, chiunque può diventare un miracoloso avventuriero.

Il posto migliore dove nascondere un segreto è sulla bocca di tutti. Un'antica leggenda narra che un tempo gli esseri umani erano Dei. Il creatore, vedendo il cattivo uso che gli umani facevano del suo dono, decise di privarli del potere divino e nasconderlo dove nessun essere umano l'avrebbe mai potuto ritrovare. Il creatore provò a nasconderlo sulle cime delle montagne più alte, ma gli esseri umani le scalarono tutte per ritrovarlo. Poi lo nascose nelle profondità della terra, ma gli esseri umani scavarono pozzi profondissimi fino a recuperarlo.

Provò infine a nasconderlo anche nelle profondità degli oceani, ma nulla. Gli umani lo ritrovarono anche lì. Non c'era luogo sulla terra dove gli esseri umani non avrebbero cercato. Fu così che il creatore decise di nascondere questo potere in un luogo dove nessun uomo avrebbe mai guardato: nel proprio cuore.

La nostra Inborn Voice è tuttora lì, a nostra disposizione. E lì è rimasta tanto a lungo che ora praticamente più nessun essere umano si sogna di continuare a cercarla. La serendipità consente ad alcuni di entrare in contatto con questo potere per pochi istanti, ma non sapendo come utilizzarlo, nulla di meraviglioso accade.

Chi finora ha colto maggiormente questo segreto lo ha poi filtrato attraverso la vibrazione della mente, in modo molto contorto e limitato, legandolo a vibrazioni come la ricchezza o la felicità.

In realtà chiunque si incammini lungo la via della voce entrerà in risonanza con la melodia della propria evoluzione, ma lo farà in modi misteriosi e imprevedibili. Sicuramente porterà a compimento il suo talento, lo moltiplicherà e lo farà sbocciare. Ma questo non significa, nel modo più assoluto, diventare ricchi, essere famosi o vivere una vita agiata. A seconda della propria Inborn Voice ognuno riceverà tutto quello che gli serve per crescere forte e rigoglioso, nulla di meno, nulla di più.

Il significato profondo della via della voce è molto semplice: ogni cosa che l'uomo cerca nel mondo gli è già stata data ed è nascosta al suo interno. Inutile cercare l'amore, l'accettazione, la sicurezza, la felicità, il danaro, la fortuna e chi più ne ha, più ne metta. Quello che si può trovare è già presente e non serve altro perché tutto il resto arriverà come conseguenza. Se riusciamo a ritrovare in noi stessi la nostra vibrazione natale, la nostra Inborn Voice, tutto ciò che finora abbiamo cercato disperatamente nel mondo per via di qualche insegnamento appreso dagli altri, ci apparirà non più interessante. Nascondere la piccola guru nel profondo di ognuno di noi è stata una mossa astuta perché chiunque riesca a trovarla percorrendo la via della voce otterrà automaticamente anche la saggezza necessaria a non abusare del dono ritrovato.

Ciascuna filosofia oggi esistente ruota attorno ad una strada unica, diversa da quella delle altre. Nessuna di queste strade è giusta o sbagliata, ma sono tutte troppo affollate e pretendono di condurre dall'esterno verso l'interno.
La filosofia della via della voce è esattamente l'opposto. È strettamente intima e personale, nasce dall'interno e conduce verso l'esterno, perché ognuno porti nel mondo il suo dono.

La musica, la poesia, la pittura e ogni altra forma d'arte sono sempre l'espressione di qualcosa che è nato all'interno e che si è palesato all'esterno. Sono tutte opere capaci di muovere qualcosa all'interno, di innescare una vibrazione.

Se utilizzassimo la mente per giudicare un'opera d'arte la troveremmo infantile, imprecisa, inadatta o persino stupida. Questa è un'evidente differenza che c'è tra le filosofie che cercano di plasmare il pensiero e la filosofia di Inborn Voice che rispetta le vibrazioni e utilizza la mente come uno strumento e non come un comandante.

La mente ha sovente lo strano potere di agire in complicità con dell'energia neutralizzante e cerca sempre di spegnere ogni vibrazione che si allontana dallo status quo. Anche nella scienza, campo legato alla mente, troviamo esempi eclatanti di innovatori che hanno avuto il coraggio di portare nel mondo parte della loro Inborn Voice, pur andando contro alla razionalità della maggioranza, che molto probabilmente non li considerava altro che dei folli.

In definitiva la via della voce porta alla consapevolezza, per quello che realmente è. Infatti l'origine della parola *consapevolezza* fa riferimento a qualcosa di estremamente intimo, eppure di importanza vitale. Non è una parola che si può correlare in alcun modo all'intelletto, non ha nulla a che vedere con il sapere o il conoscere. La mente, l'intelletto sono qualcosa di troppo lento e goffo, anche solo per avere l'intuizione di cosa sia la consapevolezza. La consapevolezza è una condizione di perfetta e profonda armonia con il resto della persona, per questo parlo sempre di

Riallineamento Vocale™ con chi cerca la propria Inborn Voice.

Il bello della consapevolezza, quella vera, è che sorge spontaneamente dall'interno e in nessun modo può venire "infilata dentro" dall'esterno. La consapevolezza proveniente della vostra Inborn Voice vi aiuterà ad orientarvi verso le scelte del futuro, così da farvi procedere spediti, non nella direzione che la mente ritiene "giusta", ma in quella che risuona maggiormente con ciò che vi è stato donato.

La via della voce dapprima conduce l'essere umano a non mentire più a se stesso, procede verso la consapevolezza personale per poi arrivare verso quella universale.

Spero che questo libro si trasformi in un seme capace di trovare in voi terreno fertile su cui crescere forte e rigoglioso. Solo in questo modo la risonanza di questo mio umile messaggio riuscirà a diffondersi e portare felicità in tutto il pianeta.

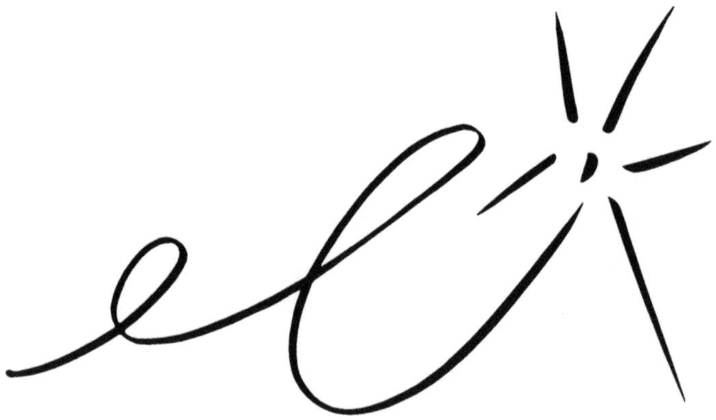

Ringraziamenti

Sebbene ognuno di noi sia portato a volere fare tutto da solo, senza mai chiedere aiuto, forse è mio destino ottenere grandi risultati e successi sempre donando con gioia un grazie a persone speciali.

Inizio con i miei nonni materni e paterni, che mi hanno insegnato la dolcezza, l'eleganza, la trasparenza e l'umiltà. Con loro l'amore per me e per gli altri si è poi consolidato grazie ai miei genitori, che continuano a darmi ogni giorno l'amore e la forza di proseguire sulla mia via della voce. Avere una figlia dall'altra parte dell'oceano non è facile quando ci si ama molto. A loro devo la mia determinazione, la mia forza e la mia indiscutibile fierezza di essere quello che sono, "no matter what they say".

Un altro grande grazie va a mio marito che ascolta ogni mio desiderio e mi guida con cura e rispetto nel mondo della tecnologia.

Ringrazio tutte le persone che direttamente o indirettamente mi hanno prima spinto e poi accompagnato nella stesura di questo libro. Nominarle tutte sarebbe impossibile, ma sono sicura che la loro essenza trasparirà tra le righe.

Ringrazio anche te, caro lettore, che sei arrivato con pazienza a leggere fino a questa pagina: ricorda che non è importante trovare una risposta, ma individuare la domanda giusta!

CONTATTI

Se avete domande inerenti gli argomenti trattati in questo libro o volete segnalare qualche imprecisione, l'autrice è raggiungibile attraverso i suoi siti Internet www.inbornvoice.com e www.lezionidicanto.com, oppure attraverso i vari social media elencati qui sotto.

Mylena organizza Conferenze, Workshop e Retreat in tutto il mondo. Troverai tutte le informazioni a riguardo sui siti e sui social media, ma se sei interessato ad organizzarne uno nella tua città, non esitare a contattarla.

Impegni permettendo, Mylena risponde di persona sempre a tutte le richieste educate che giungono via email.

INDICE

A

B

C

D

E

F

G

I

L

M

N

O

P

Q

R

S

T

U

V

W

Z

Lightning Source UK Ltd.
Milton Keynes UK
UKHW010639190521
383988UK00002B/288

9 780999 727302